Gerd Egelhof
Kleiner Filmratgeber

Für Günther auch.
herzliche Gratulation
zu 10 Jahre
"Wer wird Millionär?"
Dieses Buch ist ein Geschenk
und wird einem geliebten
Menschen helfen, die weniger
Lücken zu schließen.

Ich habe sie schon 1983
bei der Funkausstellung
im TV neben der Musis
hat gefallen und bin
seither Fan

Viel Erfolg und alles Gute.

Gerd Egelhof

KLEINER FILMRATGEBER

make a book

Nachdruck oder Vervielfältigungen, auch auszugsweise, bedürfen der schriftlichen Zustimmung des Verlags.

ISBN 978-3-940218-63-6

© 2009 by Verlag make a book, Neukirchen
M. Böhme • Osterdeich 52 • 25927 Neukirchen
Tel.: 04664 - 9839902 • Fax: 04664 - 635
eMail: mb@make-a-book.de
http://make-a-book.de

Alle Rechte liegen beim Autor

Gesamtherstellung:	make a book, Neukirchen
Cover und Illustrationen:	Klaus Bräunlinger, Schwieberdingen
Umschlaggestaltung und Layout:	M. Böhme, Neukirchen

Bibliografische Information der deutschen Nationalbibliothek.
Die deutsche Nationalbibliothek verzeichnet diese Publikation in der deutschen Nationalbibliografie; detaillierte bibliografische Daten sind im Internet über http://dnb.ddb.de abrufbar.
Bibliographic information published by die deutsche Nationalbibliothek. The deutsche Nationalbibliothek lists this publication in the deutsche Nationalbibliografie; detailed bibliographic data are available in the Internet at http://dnb.ddb.de.

INHALT

Kleiner Filmratgeber 3

Vorbemerkung 9

FILME VON A-Z 11

Die besten 50 deutschsprachigen Schauspieler 90

REGISTER
   Filme 91
   Regisseure 93
   Schauspieler 95

VORBEMERKUNG

Die Filme sind zum einen nach objektiven Gesichtspunkten zusammengestellt. Entscheidend ist dabei, wie der jeweilige Film vom nationalen oder internationalen Kinogänger bzw. Filmliebhaber goutiert wurde. Bekanntheitsgrad der Schauspieler und Regisseure spielen eine Rolle.

Zum anderen wurden auch Filme ins Buch aufgenommen, die nicht unbedingt dem Mainstream angehören.

Filme, die durch eine spezielle Thematik oder ihre eigenwillige Machart überzeugen. Bei diesen Filmen sind die Schauspieler bzw. Regisseure nicht immer bekannt oder berühmt, was die Qualität eines Films natürlich nicht zwangsläufig in negativer Hinsicht beeinflusst.

Somit entsteht eine bunte Mischung an Filmen und ein Querschnitt durch die Welt des Films, die dem Leser einen vielseitigen Überblick geben.

Die Filme sind alphabetisch aufgelistet, wobei der deutsche Titel an erster Stelle steht. Der Originaltitel ist in Klammern beigefügt. Bei Filmen, die keinen deutschen Titel haben, wird nur der Originaltitel genannt.

Viel Spaß beim Schmökern!

Ihr Gerd Egelhof

FILME VON A-Z

AIMÉE & JAGUAR
Deutschland 1999
D: Maria Schrader, Juliane Köhler, Johanna Wokalek, Heike Makatsch
R: Max Färberböck
Filmdauer: 120 min.

INHALT
Lilly (Juliane Köhler) trägt das Mutterkreuz, Felice (Maria Schrader) ist Jüdin und lebt im Widerstand. Dennoch verlieben sich die beiden ineinander. Sie nennen sich zärtlich Aimée und Jaguar und leben ihre gefährliche, verbotene Liebe aus. Im Dritten Reich heißt das, sich auf ein Spiel mit dem Tod einzulassen.

Die Geschichte der Lilly Wurst wurde zum Bestseller-Roman, der Film erhielt den Silbernen Bären.

ANNA WUNDER
Deutschland/Frankreich 2000
D: Alice Deekeling, Renée Soutendijk, Götz Schubert, Filip Peeters, Hans Peter Müller, S. Dellgrün
R: Ulla Wagner
Filmdauer: 94 min.

INHALT
In den 60er Jahren wächst das junge Mädchen Anna (Alice Deekeling) in schwierigen Verhältnissen auf. Sie muss für ihren kleinen Bruder Rolli (S. Dellgrün) und die trinkende Mutter Sophie (Renée Soutendijk) Verantwortung übernehmen.

Der Vater der beiden Kinder ist spurlos verschwunden. Als Anna die Sache über den Kopf wächst, macht sie sich auf die Suche nach ihrem Erzeuger.

ARIZONA DREAM

Frankreich 1992
D: Johnny Depp, Jerry Lewis, Faye Dunaway, Lili Taylor
R: Emir Kusturica
Filmdauer: 142 min.

INHALT
Der junge Axel (Johnny Depp) arbeitet bei der New Yorker Fischereiverwaltung und treibt ebenso ziellos durchs Leben wie die fliegende Flunder durch seine Träume.

Sein Onkel Leo (Jerry Lewis), ein Autoverkäufer, der davon träumt, Cadillacs bis zum Mond zu stapeln, holt ihn zu sich nach Arizona, wo er für ihn arbeiten soll.

Stattdessen vergnügt sich Axel mit der Witwe Elaine (Faye Dunaway) und macht Bekanntschaft mit deren Tochter Grace (Lili Taylor).

Elaine konstruiert Flugmaschinen, während Grace auf ihre Wiedergeburt als Schildkröte wartet.

BARB WIRE

USA 1996
D: Pamela Anderson, Udo Kier
R: David Hogan

Filmdauer: 115 min.

INHALT

Anno 2017 zieht ein Super-Babe (Pamela Anderson) in Latex vom Leder und zeigt den Jungs, ob zu Fuß oder auf dem heißen Ofen, was eine Harke ist.

BARBARELLA

Italien/Frankreich 1967
D: Jane Fonda, John Philip Law, David Hemmings, Milo O'Shea
R: Roger Vadim
Filmdauer: 98 min.

INHALT

Die Geheimagentin der Erde muss sich dauernd ausziehen. Das artet zu echter Schwerstarbeit aus, zumal sie ständig aus ihrem Weltraumanzug zu schlüpfen hat. Sex ist jedoch Barbarellas (Jane Fonda) schärfste Waffe.

DIE BARFÜSSIGE GRÄFIN
(The Barefoot Contessa)

USA 1954
D: Ava Gardner, Humphrey Bogart, Edmond O'Brien, Marius Goring
R: Joseph Mankiewicz
Filmdauer: 135 min.

INHALT
Ein Mann steht im Regen. Im durchnässten Trenchcoat, abseits der Trauergemeinde, beobachtet der Filmregisseur Harry Dawes (Humphrey Bogart) die Beerdigung der Tänzerin Maria Vargas (Ava Gardner). Dawes erinnert sich an eine schöne Frau, die er entdeckt, nach Hollywood gebracht und zum Star gemacht hat.
In langen Rückblenden wird aus der Perspektive des Regisseurs erzählt. Maria war Tänzerin in einem billigen Madrider Nachtlokal, als der zynische Alkoholiker Dawes sie zum ersten Mal traf. Er verhalf ihr zum Erfolg, doch Maria war der Scheinwelt Hollywoods nicht gewachsen.
Sie wurde zum Opfer der Männer, die von ihrer Karriere profitieren wollten. Ihre Ehe mit einem impotenten Grafen endete in einem Drama. Er erschoss sie, als sie vom Chauffeur schwanger wird.

BEKENNTNISSE DES HOCHSTAPLERS FELIX KRULL

Österreich/Deutschland 1981
D: John Moulder-Brown, Klaus Schwarzkopf, Mareike Carrière, Rita Tushingham, Joss Ackland, Magali Noel, Despina Pajanou, Marie Colbin, Nikolaus Paryla
R: Bernhard Sinkel
Filmdauer: 125 min.

INHALT
Die Sektkellerei des Fabrikanten Engelbert Krull (Klaus Schwarzkopf) am Rhein ist bankrott. Kurz darauf macht es im Hause Krull einen Knall. Vater Krull scheidet freiwillig aus dem Leben. Sohn

Felix (John Moulder-Brown), ein Schönling durch und durch, ist für den Wiederaufbau der Fabrik noch zu jung, und außerdem ist er ein Günstling der Frauen. Als junger Mann erfolgreich bei der Musterung dem Militär entkommen, wird er Liftboy, anschließend Kellner.

Überall, wo er ist, liegen ihm die Damen, egal welchen Alters, zu Füßen. Nach einigen amourösen Abenteuern verliebt er sich ernsthaft. Das Ende von Felix als männliche Glückseligkeit in weiblichen Betten bahnt sich an.

BELPHÉGOR - DAS PHANTOM DES LOUVRE

Frankreich 2001
D: Sophie Marceau, Michel Serrault, Frédéric Diefenthal, Julie Christie, Juliette Gréco
R: Jean-Paul Salomé
Filmdauer: 88 min.

INHALT
Im Pariser Louvre spukt es. Inspektor Verlac (Michel Serrault) ist beauftragt, den mysteriösen Fall aufzuklären. Er kommt einem ägyptischen Phantom auf die Spur. Der Geist ergreift Besitz von der Studentin Lisa (Sophia Marceau).

DER BEWEGTE MANN

Deutschland 1994
D: Til Schweiger, Katja Riemann, Joachim Król, Rufus Beck

R: Sönke Wortmann
Filmdauer: 90 min.

INHALT

Axel (Til Schweiger) ist die Sensation auf dem Tuntenball schlechthin. So gut gebaut und wonneproppig, dass sich alle Schwulen nach ihm den Hals verdrehen.

Walter (Rufus Beck) hat sogar darauf verzichtet, sich als Waltraut zurecht zu machen, um dem schmucken Knaben zu gefallen.

Axel ist jedoch Hetero. Da ihn seine Freundin nach dem letzten Seitensprung vor die Tür gesetzt hat, sucht er dringend eine Unterkunft.

Er findet sie bei Walters sanftem Freund Norbert (Joachim Król), der Axel gerne bei sich aufnimmt.

BIG TROUBLE IN LITTLE CHINA

USA 1985
D: Kurt Russell, Kim Cattrall, Dennis Dun, James Hong, Chi-keung Wong, Kate Burton, Suzee Pai
R: John Carpenter
Filmdauer: 120 min.

INHALT

Der Trucker Jack Burton (Kurt Russell) ist Realist. Er glaubt nicht an übernatürliche Dinge. Das ändert sich, als Gracie (Kim Cattrall), die Verlobte seines Freundes Wang, von einem ca. 3000 Jahre alten Hexenmeister entführt wird.

Der braucht die Liebe einer grünäugigen Frau zur Revitalisierung seines Körpers. Jack und Wang folgen dem Entführer in dessen unterirdisch angelegtes Reich.

BITTER MOON

Frankreich/Großbritannien 1992
D: Emmanuelle Seigner, Peter Coyote, Hugh Grant, Kristin Scott-Thomas
R: Roman Polanski
Filmdauer: 139 min.

INHALT
Ein gelähmter Rollstuhlfahrer (Peter Coyote) erzählt während der Schiffspassage nach Indien einem ergebenen Mitpassanten (Hugh Grant), was es mit ihm und seiner geheimnisvollen Frau (Emmanuelle Seigner) auf sich hat. Die Erinnerung an eine große Liebe, die tragisch endete und in verstümmelnde Gewalt mündete.

Der zum voyeristischen Zuhören Gezwungene möchte sich von dieser unwürdigen Selbstentblößung abwenden und kann es doch nicht. Zu betörend ist die Faszination, die von dem fatalen Paar ausgeht.

BLACK RAIN

USA 1989
D: Michael Douglas, Andy Garcia, Ken Takakura, Kate Capshaw, Yusuku Matsuda
R: Ridley Scott
Filmdauer: 120 min.

INHALT

Der New Yorker Cop Conklin (Michael Douglas), ein Zyniker durch und durch, und sein Partner Vincent (Andy Garcia) sollen den Yakuza-Killer Sato den japanischen Behörden übergeben. Die beiden geraten in eine Falle. Sato entkommt.

BLUE VELVET

USA 1986
D: Kyle MacLachlan, Isabella Rossellini, Dennis Hopper, Laura Dern
R: David Lynch
Filmdauer: 120 min.

INHALT

Der junge Jeffrey (Kyle Mac Lachlan) kehrt in eine heile Welt zurück. Der hellblaue Himmel über Lumberton verdunkelt sich jedoch, als er ein abgeschnittenes Ohr auf dem grünen Rasen findet.

Jeffrey stellt Nachforschungen an und landet bei der Sängerin Dorothy (Isabelle Rossellini), die in einem Kleid aus blauem Samt „Blue Velvet" ins Mikrophon haucht. Durch sie gerät er in einen Alptraum aus Gewalt und Sex.

BONNIE UND CLYDE
(Bonnie And Clyde)

USA 1967
D: Faye Dunaway, Gene Hackman, Warren Beatty, Estelle Parson
R: Arthur Penn

Filmdauer: 110 min.

INHALT

An einem Maitag 1934 stirbt das berühmteste Gangsterpärchen der Welt im Kugelhagel der Polizei. Drei Jahre zuvor lernen sich der Kleinkriminelle Clyde Barrow (Warren Beatty) und die Kellnerin Bonnie Parker (Faye Dunaway) kennen. Gemeinsam rauben sie in der US-Provinz Banken aus. In Zeiten wirtschaftlicher Depression ist ihnen sogar die Bewunderung der Bevölkerung sicher. Bald stoßen Clydes Bruder Buck (Gene Hackman), dessen Gattin Blanche (Estelle Parson) und der Mechaniker C.W. Moss dazu. Die Fünf sind erfolgreich, können jedoch den Profigangstern aus der Stadt nicht das Wasser reichen. Schnell ist ihnen die Polizei auf der Spur.

DAS BOOT - DER DIRECTOR'S CUT

Deutschland 1981/1997
D: Jürgen Prochnow, Herbert Grönemeyer, Klaus Wennemann, Heinz Hoenig, Ralf Richter, Martin Semmelrogge, Uwe Ochsenknecht, Otto Sander
R: Wolfgang Petersen
Filmdauer: 200 min.

INHALT

La Rochelle, 1941: Das deutsche U-Boot U-96 startet seine Feindfahrt im Nordatlantik und gerät unter Beschuss. Für die Besetzung geht es ums nackte Überleben.

DIE BRAUT

Deutschland 1999
D: Veronica Ferres, Herbert Knaup, Franziska Herold, Sibylle Canonica
R: Egon Günther
Filmdauer: 105 min.

INHALT
Im Jahr 1788 erobert die 23-jährige Christiane Vulpius (Veronica Ferres) den älteren Dichterfürsten Goethe (Herbert Knaup). Der lässt seine bisherige Geliebte Charlotte von Stein (Sibylle Canonica) fallen, doch eine Verbindung offizieller Art zwischen dem Herrn Geheimrat und dem Mädchen aus einfachsten Verhältnissen widerspricht dem Standesdünkel.
Der Adel spöttelt, Frau von Stein ist jede Intrige recht, um Goethe alleine für sich zu haben. Christiane hingegen hält an ihrer Liebe fest - 28 Jahre lang.

DIE BRÜCKE

Deutschland 1959
D: Volker Lechtenbrink, Cordula Trantow, Fritz Wepper, Folker Bohnet
R: Bernhard Wicki
Filmdauer: 98 min.

INHALT
Acht noch minderjährige Jungen bekommen in den letzten Kriegsta-

gen 1945 den Befehl, eine Brücke bei einer Kleinstadt im Bayrischen Wald vor den anrückenden Amerikanern zu verteidigen. Mit patriotischem Enthusiasmus und Begeisterung glauben sie, ihren Auftrag erfüllen zu müssen.

Erst nachdem einer nach dem anderen sein Leben verliert, wird die völlige Sinnlosigkeit des Befehls offenkundig.

BUS STOP

USA 1956
D: Marilyn Monroe, Don Murray, Arthur O'Connell, Betty Field
R: Joshua Logan
Filmdauer: 95 min.

INHALT
Der Cowboy Bo ist 21 und kommt zum ersten Mal in seinem Leben in die Stadt. Er will am Rodeo teilnehmen und sich eine Frau suchen. Bo hat konkrete Vorstellungen. Er möchte einen weiblichen Engel haben. Er begegnet der Nachtklub-Sängerin Chérie (Marilyn Monroe). Die süße Diseuse ist seit Jahren auf dem Weg nach Hollywood und hat die halbe Strecke bereits geschafft. Sie will alles andere, als sich auf eine Ranch schleppen lassen.

Obwohl Bo seinen Engel sogar mit einem Lasso einfängt, muss er erst eine bittere Lektion einstecken, ehe Chérie vor seiner aufrichtigen Liebe kapituliert.

CAT BALLOU - HÄNGEN SOLLST DU IN WYOMING
(Cat Ballou)

USA 1964
D: Jane Fonda, Lee Marvin, Michael Callan, Dwayne Hickman, Nat King Cole
R: Elliott Silverstein
Filmdauer: 97 min.

INHALT

Der Rächer steigt aufs Pferd. Er ist aufs schwerste betrunken, sein Gaul leider auch. Einträchtig lehnen Ross und Reiter an der Stallwand, vereint im Kampf mit dem Gleichgewicht. Dabei hatten sie doch eigentlich mit den Feinden der Auftraggeberin Cat Ballou (Jane Fonda) abrechnen wollen.

Diese hatte sich, auf der Spur nach dem Mörder ihres Vaters, hilfesuchend an den ehemals berühmten Revolverhelden gewandt.

CHINESE BOX

J/F/USA/D 1997
D: Jeremy Irons, Gong Li
Regie: Wayne Wang
Filmdauer: 95 min.

INHALT

Hongkong, kurz vor dem Ende der britischen Kronkolonie.
Der englische Journalist John (Jeremy Irons) fängt mit der Video-

kamera gerne das Treiben auf Hongkongs Straßen ein. Er verliebt sich in die chinesische Edelprostituierte Vivian (Gong Li). Da sie auf die Heirat mit einem chinesischen Geschäftsmann hofft, gesteht ihr John seine Liebe erst, als er an Leukämie erkrankt.

CRITTERS – SIE SIND DA!
(Critters)
USA 1986
D: Dee Wallace Stone, Billy „Green" Bush, M. Emmet Walsh
R: Stephen Herek
Filmdauer: 95 min.

INHALT
Die Critters, aus dem All geschossene, hässliche Stachelviecher, landen in Kansas und terrorisieren brave Farmer. Da den kleinen Biestern mit Kugeln nicht beizukommen ist, sind zwei intergalaktische Kammerjäger die letzte Hoffnung.

CROCODILE DUNDEE

Australien 1986
D: Paul Hogan, Linda Kozlowski, John Meillon, Mark Blom
R: Peter Faiman
Filmdauer: 102 min.

INHALT
Crocodile Dundee (Paul Hogan) ist ein Naturbursche aus dem aus-

tralischen Busch, dessen Alltag aus Krokodilen und Schlangen besteht.

Die Yuppie-Reporterin Sue (Linda Kozlowski) fliegt von New York auf den fünften Kontinent, um den legendären Wildhüter zu interviewen. Nach diversen, ortsüblichen Abenteuern ist sie begeistert und nimmt ihren Schatz mit nach New York, in den Großstadtdschungel. Mit staunenden Augen bummelt Dundee durch die Straßenschluchten und entdeckt für ihn neue Menschen.

DESPERADO

USA 1995
D: Antonio Banderas, Salma Hayek, J. de Almeida, Steve Buscemi
R: Robert Rodriguez
Filmdauer: 100 min.

INHALT

In einer Bar, irgendwo in Mexiko, erzählt Buscemi (Steve Buscemi) von El Mariachi (Antonio Banderas). Der geheimnisvolle Gitarrenspieler zieht durchs Land, um jenen Mann ausfindig zu machen, der einst seine große Liebe erschoss.

Kurz nachdem Buscemi die Geschichte zum Besten gegeben hat, betritt der Rächer die Kneipe. Wie einst Django einen Sarg mit MG-Füllung hinter sich herzog, so trägt El Mariachi stets einen Gitarrenkoffer, in dem sich ebenfalls einige Überraschungen befinden.

DIRTY DANCING

USA 1987
D: Patrick Swayze, Jennifer Grey, Jerry Orbach
R: Emile Ardolino
Filmdauer: 125 min.

INHALT
Sommer 1963: Widerwillig fährt das 17-jährige Mädchen Frances (Jennifer Grey) mit den Eltern ins Feriencamp. Ihre miese Laune verfliegt erst beim Anblick des Tanzlehrers Johnny (Patrick Swayze). Doch der Mambo-King hat seinen eigenen Stolz. Für ihn sieht Frances nicht so aus, als hätte sie den Groove erfunden. Erst als seine Tanzpartnerin ausfällt, kann sie bei ihm landen.

DONA FLOR UND IHRE BEIDEN EHEMÄNNER

Brasilien 1976
D: Sonia Braga, José Wilker
R: Bruno Barreto
Filmdauer: 109 min.

INHALT
Die attraktive Dona Flor (Sonja Braga) heiratet nach dem Tod ihres ersten Mannes einen phantasielosen Apotheker. Von ihrem tristen Eheleben frustriert, sehnt sie sich nach jener Leidenschaft, die sie mit ihrem ersten Mann erleben durfte. Dieser nimmt in ihrer Phantasie Gestalt an. Dona Flor erlebt eine erotische „Ménage à trois".

DREI FARBEN: BLAU
(Trois Couleurs: Bleu)

Frankreich 1993
D: Juliette Binoche, Benoit Regent, Florence Pernel, Charlotte Very
R: Krzystof Kieslowski
Filmdauer: 97 min.

INHALT

Blau ist die Stunde, in der das Auto über die Landstraße rollt. Ein Kind lässt blaues Glitzerpapier aus dem Fenster wehen, und unter dem Wagen tropft Flüssigkeit von blauem Stahl herunter. Wenig später wird das Fahrzeug ins Schleudern geraten und vor einen Baum prallen. Dann ist Julie (Juliette Binoche) allein.

Nachdem ihr Mann, ein gefeierter Komponist, und ihre kleine Tochter beim Autounfall getötet worden sind, verlässt sie ihr Haus und zieht in eine Wohnung in der Stadt. Sie nimmt nichts mit außer ihr Glasperlenspiel.

Die Vergangenheit holt sie ständig ein. Die Musik erhebt sich wieder und wieder wie eine Drohung in ihrem Kopf.

DIE DREI TAGE DES CONDOR
(Three Days Of The Condor)

USA 1975
D: Robert Redford, Faye Dunaway, Cliff Robertson
R: Sydney Pollack
Filmdauer: 140 min.

INHALT
Joe Turner (Robert Redford) ist bei der „Amerikanischen Gesellschaft für Literaturgeschichte", einer getarnten CIA-Außenstelle, Auswerter von Thriller- und Geheimdienstliteratur. Er versorgt den Geheimdienst mit neuesten Tricks. Eines Tages findet er all seine Kollegen ermordet auf. Etwas später entkommt er selbst nur knapp einem Attentat. Turner macht sich auf eigene Faust auf die Suche nach den Drahtziehern.

DIE DRITTE DIMENSION
(La Troisième Dimension)

F/I/USA 1962
D: Sophia Loren, Anthony Perkins
R: Anatole Litvak
Filmdauer: 105 min.

INHALT
Paris, die Stadt der Liebe, wird für Lisa die Hölle auf Erden. Seit die vitale Neapolitanerin (Sophia Loren) den neurotischen Ex-GI Robert (Anthony Perkins) geheiratet hat, leidet sie unter seiner Eifersucht. Als Robert abstürzt und alle Passagiere für tot erklärt werden, glaubt Lisa wieder frei zu sein. Aber ihr Mann hat als Einziger überlebt und schlägt sich heimlich zu ihr durch. Lisa soll nun die trauernde Witwe spielen und seine Lebensversicherung kassieren.

DU UND ICH UND ONKEL BOB

Australien 1993
D: Brooke Anderson, David Kaff, Martin Vaughan, Melissa Jaffer
R: Alister Smart
Filmdauer: 90 min.

INHALT

Charlie (Brooke Anderson) ist Bens (David Kaff) beste Freundin. Beide Kinder leben in der australischen Metropole Sydney in tristen Verhältnissen und träumen davon, später einmal als Künstler im Rampenlicht zu stehen.

Als ihr väterlicher Vertrauter, der Metzgergeselle Bob (Martin Vaughan) seinen Job und sein inneres Gleichgewicht verliert, verkuppeln sie ihn listig und liebevoll mit der ehemaligen Balletteuse Sylvie (Melissa Jaffer), die ihm neuen Lebensmut gibt.

EINE LIEBE VON SWANN

Deutschland/Frankreich 1981
D: Jeremy Irons, Ornella Muti, Alain Delon, Fanny Ardant, Marie-Christine Barrault, Anne Bennent
R: Volker Schlöndorff
Filmdauer: 110 min.

INHALT

Swann (Jeremy Irons), der elegante Lebemann, ist der Kokotte Odette (Ornella Muti) verfallen. Dabei findet er das Mädchen mit den melancholischen Augen nicht einmal schön. Doch um sie zu besitzen, nimmt er jede Art von Demütigung und sogar den Verlust der gesellschaftlichen Stellung in Kauf.

EINER VON UNS BEIDEN

Deutschland 1973
D: Klaus Schwarzkopf, Jürgen Prochnow, Kristina Nel,
Elke Sommer, Claus Theo Gärtner
R: Wolfgang Petersen
Filmdauer: 101 min.

INHALT
Ein vorübergehend gescheiterter Student (Jürgen Prochnow) findet heraus, dass sein ehemaliger Professor (Klaus Schwarzkopf) seine Dissertation nicht selbst verfasst hat.
Er versucht, ihn zu erpressen. Es beginnt ein bizarres Spiel auf Leben und Tod.

EIN FISCH NAMENS WANDA

Großbritannien 1987
D: John Cleese, Jamie Lee Curtis, Kevin Kline, Michael Palin
R: Charles Crichton
Filmdauer: 100 min.

INHALT
Ein komisches Gaunerquartett macht bei einem Londoner Juwelier einen erfolgreichen Beutezug. Hinterher wollen sie sich gegenseitig

belügen, was gründlich schiefgeht. Die Gangsterbraut Wanda (Jamie Lee Curtis) zieht den Anwalt Archie (John Cleese) mit in die Kriminalaffäre hinein. Der Auftakt zu einem Feuerwerk an englischem Humor.

DAS ERSTE SEMESTER

Deutschland 1997
D: Yutah Lorenz, Christian Kahrmann, Ralph Morgenstern, Marlies Körner
R: U. Boll
Filmdauer: ca. 90 min.

INHALT

Ein Student (Christian Kahrmann) bekommt von seinem Großvater 150000 Mark, wenn er im Studium zwei Scheine abgreift und eine Freundin hat.

Die Scheine hat er nach einer anstrengenden Phase in der Tasche, nur mit dem Mädchen hapert es noch. Die bildhübsche und meganette Marlies (Yutah Lorenz) mag gerne seine Freundin werden. Es dauert jedoch lange, bis der Student sein Glück erkennt.

FALLING DOWN

USA 1992
D: Michael Douglas, Robert Duvall, Barbara Hershey, Rachel Ticotin
R: Joel Schumacher
Filmdauer: 102 min.

INHALT

Mister D. Fense (Michael Douglas) sieht aus wie ein etwas langweiliger Büromensch. Er hat seine Arbeit im Rüstungsbetrieb verloren. Ein Verkehrsstau in der Hitze von Los Angeles gibt ihm den Rest. Er steigt aus, lässt sein Auto auf dem Freeway stehen und geht zu Fuß Richtung Heimat.

Die liegt am anderen Ende der Stadt. Genauer gesagt, lag. Seine Frau hat sich längst von ihm scheiden lassen.

Die in ihm gärende Wut bricht aus, lässt ihn zum Amokläufer werden. Auf dem Weg in die vermeintlich heile Welt seiner Vergangenheit durchquert er ballernd gefährliche Stadtbezirke.

FAMILIENGRAB

USA 1976
D: Karen Black, Bruce Dern, William Devane,
Barbara Harris
R: Alfred Hitchcock
Filmdauer: 120 min.

INHALT

Die alte Mrs. Rainbird verspricht der spirituell veranlagten Blanche (Barbara Harris) 10000 Dollar, wenn die ihren verstoßenen Neffen aufspürt. Einst gab die reiche Frau den unehelichen Sohn ihrer Schwester fort, nun will sie ihn reumütig als Erben einsetzen. Da Blanche nicht hellsehen kann, übernimmt ihr Liebhaber George (Bruce Dern) die Recherche.

Schon bald fällt dem Hobby-Detektiv auf, dass der Gesuchte gar nicht gefunden werden möchte.

Arthur (William Devane) und seine kaltblütige Komplizin Fran (Karen Black) leben dank sich lohnender Entführungen bereits im Luxus. Allmählich werden ihnen die Fahnder lästig.

DIE FARBE LILA

USA 1985
D: Whoopi Goldberg, Danny Glover, Margaret Avery, Oprah Winfrey, Willard E. Pugh, Akosua Busia, Rae Dawn Chong
R: Steven Spielberg
Filmdauer: 175 min.

INHALT
Georgia 1909. Die 14-Jährige Celie, ein schwarzes, vom Stiefvater missbrauchtes Mädchen, wird mit dem gefühlskalten Witwer Albert verheiratet. „Mister", wie er von ihr genannt werden möchte, stellt ihrer Schwester Nettie nach. Da sie ihn abblitzen lässt, muss Celie dafür büßen.

FELX

Deutschland 1987
D: Ulrich Tukur, Christel Buschmann, Helma Sanders-Brahms, Heike Sander
R.: M. von Trotta
Filmdauer: 85 min.

INHALT
Der von seiner Freundin verlassene, frustrierte Felix (Ulrich Tukur) stürzt sich erneut ins Getümmel. Vergeblich rennt er der Liebe hinterher. Völlig erschöpft und verzweifelt kehrt er nach Hause zurück. Da klingelt es an der Tür.

DER FELSEN

Deutschland 2002
D: Karoline Eichhorn, Peter Lohmeyer, Antonio Wannek, Ralph Herforth
R: Dominik Graf
Filmdauer: 120 min.

INHALT
Die Mittdreißigerin Katrin (Karolin Eichhorn) will mit ihrem Freund Jürgen (Ralph Herforth) auf Korsika entspannen. Auf der Felseninsel beendet Jürgen die Affäre. Er erzählt Katrin, dass seine schwangere Frau Vorrang habe. Katrin sucht Trost mit Fremden. Sie trifft den 17-Jährigen Malte (Antonio Wannek), einen aus einem Camp für Jungstraftäter Entflohenen. Er verliebt sich heftig in Katrin. Für sie würde Malte alles tun.

DIE FEUERZANGENBOWLE

Deutschland 1944
D: Heinz Rühmann, Erich Ponto, Karin Himboldt, Paul Henckels
R: Helmut Weiss
Filmdauer: ca. 90 min.

INHALT
Der Schriftsteller Dr. Johannes Pfeiffer (Heinz Rühmann) kann nicht mitreden, wenn seine Freunde über „das Beste ihrer Jugend" plaudern. Pfeiffer mit drei „f" hat Privatunterricht genossen und deswegen keine Pennälerscherze auf Lager.
Er beschließt, die Zeit der Streiche nachzuholen. Als Primaner mit Nickelbrille erklärt er die „alkoholische Gärung", versteckt die Schuhe des Physiklehrers „Schnauz" (Erich Ponto) und wagt es, der Tochter des Schuldirektors nachzustellen.

FICKENDE FISCHE

Deutschland 2002
D: Tino Mewes, Sophie Rogall, Anette Uhlen, Hans-Martin Stier, Ellen ten Damme
R: Almut Getto

INHALT
Der 16jährige Jan (Tino Mewes) ist schüchtern und taucht am liebsten unter Wasser ab. In der Stille der Tiefe fühlt er sich wohl. Als er die 15-Jährige Nina (Sophie Rogall) kennenlernt, gerät seine Welt aus den Fugen. Sie ist keck und aufgeschlossen.

Zunächst weiß Tino nicht viel mit ihr anzufangen. Nina stellt komische Fragen, wie etwa, ob seine Fische manchmal auch ficken.

Nach einer gewissen Zeit verliebt sich Jan in Nina. Er weiß nicht, ob er ihr sein schwerwiegendes Geheimnis, seit einer Bluttransfusion mit dem Aids-Virus infiziert zu sein, erzählen kann.

DIE FIRMA
(The Firm)
USA 1993
D: Tom Cruise, Gene Hackman, Jeanne Tripplehorn
R: Sydney Pollack
Filmdauer: 145 min.

INHALT
Kaum hat Jurist Mitch (Tom Cruise) seinen Harvard-Abschluss in der Tasche, wird er auch schon von einer Top-Kanzlei in Memphis angestellt. Der Aufsteiger und seine Frau freuen sich am dicken Jahresgehalt und dem Dienst-Mercedes. Bis Mitch merkt, dass sein Arbeitgeber für die Mafia tätig ist.

FOOTLOOSE

USA 1984
D: Kevin Bacon, Lori Singer, John Lithgow, Dianne Wiest
R: Herbert Ross
Filmdauer: 120 min.

INHALT
Der junge Ren (Kevin Bacon) ist unglücklich. Sein Umzug von Chicago in die Kleinstadt Bomont ist eine Strafe. In dem kleinen Kaff sind moderne Literatur, Tanzen und Rock ‚n' Roll verpönt. Ren kämpft dagegen an. Erst freundet er sich mit Ariel (Lori Singer), der Tochter des sehr strengen Gemeindepfarrers Moore (John Lithgow) an, danach unterrichtet er die spießige Dorfjugend im Tanzen.
　　Kenny Loggins sang den sehr erfolgreichen Filmtitel „Footloose".

FOREVER YOUNG

USA 1992
D: Mel Gibson, Elijah Wood, Isabel Glasser, Goerge Wendt, Joe Morton
R: Steve Miner
Filmdauer: 120 min.

INHALT
Kalifornien 1939. Daniels Freundin Helen (Isabel Glasser) fällt ins Koma. Aus Verzweiflung stellt sich Daniel (Mel Gibson) für ein geheimes Experiment zur Verfügung. Er lässt sich einfrieren. In den Kriegswirren vergessen die Projektleiter, ihn rechtzeitig wieder aufzutauen. Nach 53 Jahren wacht er auf. Er macht sich auf die Suche nach Helen.

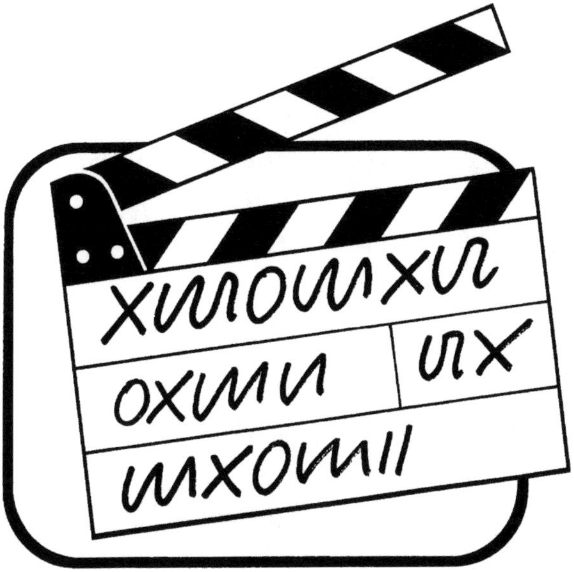

FRISCHE WARE

Deutschland 2000
D: Christine Neubauer, Max von Thun, Gerd Anthoff, Christiane Blumhoff
R: Paul Harather
Filmdauer: 90 min.

INHALT
Die bayrische Provinz um 1880. Die Kellnerin Zilly (Christine Neubauer) geht mit Priesterzögling Michel (Max von Thun) ins Bett. Sie wird von ihm schwanger und flüchtet vor allzuviel Ablehnung nach München. Dort gerät sie unter die Räder. Eine zwielichtige Kupplerin will Zilly zur Prostitution zwingen.

FRÜHSTÜCK BEI TIFFANY

USA 1960
D: Audrey Hepburn, George Peppard, Mickey Rooney, Buddy Ebsen, Patricia Neal, Martin Balsam, José-Louis de Villalonga
R: Blake Edwards
Filmdauer: 130 min.

INHALT
Die kapriziöse Holly Golightly (Audrey Hepburn) möchte sich in New York einen reichen Mann angeln. Ihr Vorhaben erweist sich schwieriger als vorhergesehen. Sie lernt Paul (George Peppard) kennen, einen „erfolglosen" Schriftsteller.

GEFÜHLE, DIE MAN NICHT SIEHT

(Things You Can Tell Just By Looking)
USA 2002
D: Glenn Close, H. Hunter, C. Flockheart, Cameron Diaz
R: Rodrigo Garcia
Filmdauer: 100 min.

INHALT
Bankchefin Rebecca (Holly Hunter) erwartet ein Kind von einem verheirateten Mann. Ärztin Elaine (Glenn Close) wird sich in einer Tarot-Sitzung die Leere ihres Lebens bewusst, die Kartenlegerin (Calista Flockheart) wiederum muss den Aids-Tod ihrer Geliebten verkraften.

DAS GEHEIMNIS DES RUBINS

Frankreich 1982
D: Simone Signoret, Philippe Noiret, Fanny Cottencon, Julie Jezequel, Liliana Gerace
R: Pierre Granier-Deferre
Filmdauer: 120 min.

INHALT
Der französische Abenteurer Edouard Binet (Philippe Noiret), der verarmt in Brüssel angekommen ist, begeht einen Raubmord an dem reichen ägyptischen Geschäftsmann Nemrod. Sylvie Baron (Fanny Cottencon), die Mätresse Nemrods, wird unfreiwillig zur Komplizin und versteckt Edouard bei ihrer Mutter Louise (Simone Signoret), die in der belgischen Provinz eine kleine Pension führt.

Zwischen dem weitgereisten, Damen gegenüber zuvorkommenden Abenteurer und der resoluten Wirtin entwickelt sich eine Freundschaft, bis das Netz der Fahnder um ihr kleines, kurzes Glück herum immer engmaschiger wird.

GEORG ELSNER - EINER AUS DEUTSCHLAND

Deutschland 1989
D: Klaus Maria Brandauer, Rebecca Miller, Brian Dennehy
R: Klaus Maria Brandauer

INHALT

Im November 1939 verübt der bayrische Uhrmacher Georg Elsner (Klaus Maria Brandauer) im Münchner Bürgerbräukeller ein Bombenattentat auf Adolf Hitler. Der Anschlag schlägt fehl, und er wird beim Versuch, in die Schweiz zu fliehen, verhaftet und ins KZ nach Dachau gebracht. Dort wird er 1945 erschossen. Im Gegensatz zu den Offizieren des Attentats vom 20.Juli 1944 kommt Elsner erst sehr spät Rehabilitation zuteil.

DIE GESCHICHTE DES JUNGEN, DER GEKÜSST WERDEN WOLLTE

Frankreich 1993
D: Julien Collet, Hélène Medique, Marion Cotillard, Marie Pailhes
R: Philippe Harel
Filmdauer: 95 min.

INHALT

Wenn Jungs unbedingt geküsst werden wollen, gibt es meistens Probleme. Raoul (Julien Collet), Student der Kunstgeschichte, ist sehr schüchtern. Er hat Probleme, bei Mädchen zu landen. Nach langer Suche wird auch er fündig.

GOLDFINGER

Großbritannien 1964
D: Sean Connery, Gert Fröbe, Shirley Eaton, Honor Blackman
R: Guy Hamilton
Filmdauer: 110 min.

INHALT

Der Bösewicht Goldfinger (Gert Fröbe) liebt Gold so sehr, dass er die Weltvorräte an sich reißen will.

Zu diesem Zweck hat er eine Geheimarmee samt weiblicher Fliegerstaffel ausgebildet. Damit möchte er Fort Knox einnehmen, wo die Goldreserven der USA lagern. Natürlich soll das der Geheimagent James Bond (Sean Connery) verhindern.

GORKY PARK

USA 1983
D: William Hurt, Lee Marvin, Joana Pacula, Brian Dennehy
R: Michael Apted
Filmdauer: 121 min.

INHALT
Im Moskauer Gorky Park findet man drei übel zugerichtete Leichen. Unter den Toten befindet sich einer aus dem Westen. Inspektor Renko (William Hurt) glaubt daran, einer Staatsaffäre auf der Spur zu sein. Seine These scheint sich zu bestätigen, als ein verdeckt ermittelnder FBI-Agent (Brian Dennehy) auftaucht, der den Mörder seines Bruders sucht.

HABEN UND NICHTHABEN
(To Have And Have Not)
USA 1944
D: Humphrey Bogart, Lauren Bacall, Walter Brennan, Dolores Moran, Hoagy Carmichael
R: Howard Hawkes
Filmdauer: 100 min.

INHALT
Ein Mann (Humphrey Bogart) sitzt in einer Hotelbar auf Martinique, ist amerikanischer Slipper und fährt mit Touristen zum Hochseeangeln. Als Résistance-Kämpfer sein Boot für eine Nacht mieten wollen, lehnt er ab. Mit Politik hat er nichts am Hut. Plötzlich taucht eine junge Frau (Lauren Bacall) im Hotel auf, die sein Leben aus dem Lot bringt.

HEISSER SÜDEN

USA 1956
D: Clark Gable, Eleanor Parker

R: *Raoul Walsh*
Filmdauer: 80 min.

INHALT
Auf der heruntergekommenen Farm von Ma McDade ist ein aus einem Raubüberfall stammender Goldschatz versteckt.
Als das Schlitzohr Dan Kehoe (Clark Gable) davon erfährt, will er sich bei der alten Dame einnisten. Zunächst möchte sie ihn mit Waffengewalt vertreiben, doch Dan lässt sich nicht abspeisen. Der charmante Schwindler bandelt mit Mas Schwiegertöchtern an, vor allem mit Sabina, die ebenfalls hinter dem Gold her ist.

DER HIMMEL ÜBER BERLIN

Deutschland/Frankreich 1987
D: Bruno Ganz, Solveig Dommartin, Peter Falk, Curt Bois, Otto Sander
R: Wim Wenders
Filmdauer: 127 min.

INHALT
Es sitzt jemand traurig in der U-Bahn und murmelt vor sich hin. Neben ihm sitzt ein Herr in winterlicher Kleidung, der ihn zu trösten scheint. Der Verzweifelte kann den Helfer nicht sehen, vielleicht kann er ihn hören.
  Der Himmel über Berlin ist von zwei Engeln bewohnt, die überall dort zur Erde herunterkommen, wo jemand in Not ist. Sie flüstern ihnen Mut zu.
  Die beiden Engel sind unsichtbar, außer für Kinder und Engel.

Sie kennen die Menschen sehr genau, und für irgendetwas scheinen sie sie zu bewundern. Jedenfalls möchte der Engel Damiel (Bruno Ganz) ein Sterblicher sein, der die Welt sinnlich erfährt, als er sich in eine Artistin verliebt. Als der Wunsch in Erfüllung geht, verändert der Film seine Farbe, wechselt von schwarzweiß auf farbig.

Damiel ist Mensch geworden und somit sterblich. Vorher wird er jedoch leben.

HINTERHOLZ 8

Österreich 1998
D: Roland Düringer, Nina Proll, Lukas Resetaris, W. Böck, Alfred Dorfer, Rudolf Rohaczek
R: Harald Sicheritz
Filmdauer: 105 min.

INHALT
Herbert (Roland Düringer) ist von der ewigen Parkplatzsuche in seinem Wiener Wohnviertel genervt. Er möchte mit seiner Frau Margit (Nina Proll) und seinem Sohn Philipp (Rudolf Rohaczek) aufs Land ziehen.

Der Traum scheint sich zu erfüllen, als er zufällig ein marodes Bauernhaus entdeckt. Es hat eine seltsame Adresse. „Hinterholz 8."

Herbert setzt alles daran, die Hütte zu erwerben. Die Renovierung gerät zum Alptraum.

HOCHWÜRDENS ÄRGER MIT DEM PARADIES

Deutschland/Österreich 1996
D: Hansi Hinterseer, Eva Habermann, Hans Clarin, Elke Winkens, Dagmar Koller, Gerhard Zemann, Gudrun Velisek
R: Otto W. Retzer
Filmdauer: 87 min.

INHALT

Der Pfarrer Gustav (Hans Clarin) ist entrüstet. Der Bürgermeister will das alte Stadtschloss in ein Bordell verwandeln. Die Vermählung des heiratsunwilligen Schlosserben Hans (Hansi Hinterseer) könnte den Plan des Politikers scheitern lassen. Gustav setzt alle Hebel in Bewegung, ihn mit der äußerst feschen Lisa (Eva Habermann) zu verkuppeln.

IMMER DIESE RADFAHRER

Österreich 1958
D: Heinz Erhardt, Hans Joachim Kulenkampff, Mady Rahl, Wolf Albach-Retty, Waltraut Haas, Peter Kraus, Corny Collins, Inge Meysel
R: Hans Deppe
Filmdauer: 94 min.

INHALT

Ihre letzte gemeinsame Radtour durchs Kärntner Land liegt bereits 25 Jahre zurück. Wie damals schwingen sich Johannes, Fritz und Ulrich wieder auf ihre Drahtesel. Beruf und Ehefrauen ade! Dafür Abenteuer und hübsche Mädchen pur.

IM SCHATTEN VON LISSABON

ARG/Spanien 1999
D: Carmen Maura, Sergi Lopez, Federico Luppi, Laia Marull
R: Antonio Hernandez
Filmdauer: 95 min.

INHALT
Der portugiesische Handlungsreisende Joao (Sergi Lopez) verkauft Pornovideos an Tankstellen. Widerwillig nimmt er die Anhalterin Berta (Carmen Maura) mit, die sich auf dem Weg nach Lissabon befindet.
Als Joao einen Revolver bei ihr entdeckt, versucht er, seine undurchsichtige Begleiterin schnellstens loszuwerden. Er informiert ihre Familie, was sich als folgenschwerer Fehler herausstellt.

IM TAL DES SCHWEIGENS

Deutschland 2004
D: Sascha Hehn, Christine Neubauer, Veronika Fitz, Ronja Forcher, Julia Gschnitzer, Alexander Held, Franz Froschauer
R: Peter Sämann
Filmdauer: ca. 90 min.

INHALT
Die Osttiroler Bauersfrau Anna Christeiner (Christine Neubauer) widersetzt sich den Plänen des Gemeindepfarrers, ihre Heimat dem Massentourismus zugänglich zu machen. Im charmanten Johannes (Sascha Hehn) sieht sie einen Verbündeten.

Als sie erfährt, dass Johannes für einen skrupellosen Tourismuskonzern arbeitet, ist sie empört.
Der Weg zu einem möglichen Happy-End wird lang und steinig.

IM WESTEN NICHTS NEUES

USA 1929/30
D: Lew Ayres, John Wray
R: Lewis Milestone
Filmdauer: 136 min.

INHALT
Der deutsche Gymnasiast Paul Bäumer (Lew Ayres) zieht gemeinsam mit seinen Klassenkameraden nach einer flammenden Rede ihres Lehrers 1915 freiwillig in den Ersten Weltkrieg. An der Westfront in Frankreich werden sie mit den brutalen Seiten des Krieges konfrontiert. Sie erkennen sehr bald, dass der Tod auf dem Schlachtfeld mehr mit sinnlosem Sterben als mit Heldentod zu tun hat.

IM ZWIELICHT

USA 1998
D: Paul Newman, Susan Sarandon, Gene Hackman, Reese Witherspoon, Stockard Channing, James Garner
R: Robert Benton
Filmdauer: 105 min.

INHALT

Ex-Schauspieler Jack Ames wird vom Schicksal geprügelt. Gesundheitlich und finanziell ist er am Ende, seine Frau Catherine (Susan Sarandon) trinkt zu viel Hochprozentiges. Lediglich sein alter Freund Harry (Paul Newman) kümmert sich um seinen alten Freund. Als er für Jack einen Umschlag überbringen soll, wird Harry in eine undurchsichtige Mordgeschichte hineingezogen.

INDEPENDENCE DAY

USA 1996
D: Will Smith, Bill Pullman, Jeff Goldblum
R: Roland Emmerich
Filmdauer: 185 min.

INHALT

Die Aliens sind da! Die Schatten monströser Raumschiffe verdunkeln den Himmel über den Großstädten der Erde. Mit einer Mischung aus Angst und Bewunderung verfolgen die Menschen das Schauspiel.

US-Präsident Whitmore (Bill Pullman) hofft, dass die Außerirdischen in friedlicher Absicht kommen. Computerfreak David (Jeff Goldblum) hingegen macht eine beunruhigende Entdeckung.

Die Aliens haben die irdischen Satellitensysteme manipuliert, um am 4.Juli, dem Unabhängigkeitstag der USA, ein Feuerwerk zu zünden. Erst als die Fremden die erste Metropole in Schutt und Asche gelegt haben, machen die US-Streitkräfte mobil. Air-Force-Pilot Steven Miller (Will Smith) kommt dabei eine wichtige Rolle zu.

IN EINER HEISSEN NACHT

NL 1996
D: Renée Soutendijk, Victor Löw, Hans Hoes, Jaimy Siebel, Mirjam de Rooy
R: Ben Verbong
Filmdauer: 99 min.

INHALT
Nach der Trennung von ihrem Mann lebt die Ärztin Roos Hartman (Renée Soutendijk) mit ihrem kleinen Sohn Davy in einem Apartment-Haus am Meer.
Als in einer heißen Sommernacht eine andere Mieterin auf brutale Art und Weise ermordet wird, fällt der Verdacht sofort auf Eric Coenen (Victor Löw), einen gut aussehenden, jedoch etwas mysteriös wirkenden jungen Mann.

I.Q. - LIEBE IST RELATIV

USA 1994
D: Walter Matthau, Meg Ryan, Tim Robbins, Lou Jacobi, Gene Saks, Stephen Fry, Charles Durning
R: Fred Schepisi
Filmdauer: 120 min.

INHALT
Der Automechaniker Ed (Tim Robbins) verliebt sich in Catherine (Meg Ryan). Doch die steht auf intelligentere Männer und ist mit dem langweiligen Dozenten James liiert.

Catherines Onkel, der Nobelpreisträger Albert Einstein (Walter Matthau), findet Ed jedoch sehr sympathisch. Mit Hilfe seiner Freunde versucht er, Ed und seine Nichte zusammenzuführen.

ITALIENER UND ANDERE SÜSSIGKEITEN

Deutschland/Italien 2003
D: Stefanie Stappenbeck, Benjamin Sadler, Yvonne Johna
R: Ute Wieland
Filmdauer: 120 min.

INHALT
Designerin Charlotte (Stefanie Stappenbeck) erfährt eine gehörige Auffrischung ihres öden Singledaseins, als sie den Businessman Paolo Fabrelli (Benjamin Sadler) kennenlernt.

Sie glaubt in ihm den Eisverkäufer zu erkennen, der ihr vor Jahren in Italien einen Heiratsantrag machte.

In Wahrheit ist Paolo jedoch dessen Cousin.

JAMES BOND 007 - IM GEHEIMDIENST IHRER MAJESTÄT

GB 1969
D: George Lazenby, Diana Rigg, Telly Savalas
R: Peter Hunt /John Glen
Filmdauer: 135 min.

INHALT

Geheimagent James Bond (George Lazenby) wird vom britischen Geheimdienst in die winterlichen Alpen geschickt. Dort bekommt er es mit dem sehr gefährlichen Bösewicht Blomfeld (Telly Savalas) zu tun. Dieser droht damit, die Welt mit unheimlichen Viren zu verseuchen.

JAMES BOND 007 - IN TÖDLICHER MISSION
(For Your Eyes Only)
GB 1981
D: Roger Moore, Carole Bouquet, Chaim Topol, Julian Glover, Lois Maxwell
R: John Glen
Filmdauer: 120 min.

INHALT

Vor der griechischen Küste läuft ein britisches Spionageschiff auf eine Wassermine. Ein geheimer Lenkwaffencomputer versinkt, auf den nicht nur der KGB scharf ist.

Das mit der Bergung beauftragte Agenten-Ehepaar Havelock wird ermordet. Tochter Melina (Carole Bouquet) hat guten Grund, den britischen Top-Agenten James Bond (Roger Moore) bei seinen weiteren Aktionen zu unterstützen.

Die führen u.a. nach Spanien, in die italienischen Alpen und durch die griechische Inselwelt. Reeder Kristatos (Julian Glover) und der Schmugglerkönig Columbo (Chaim Topol) stellen sich den beiden in den Weg.

JAMES BOND 007 - LIEBESGRÜSSE AUS MOSKAU

Großbritannien 1963
D: Sean Connery, Daniela Bianchi, Pedro Armendariz, Lotte Lenya
R: Terence Young
Filmdauer: 115 min.

INHALT
Der britische Secret Service, der sowjetische KGB und eine verbrecherische Geheimorganisation namens „Phantom" prügeln sich in Istanbul und auf dem Balkan um ein Dechiffriergerät. Superagent James Bond (Sean Connery) hat sich um eine russische Schein-Überläuferin zu kümmern.

JAMES BOND 007 - OCTOPUSSY

GB 1983
D: Roger Moore, Maud Adams, Louis Jourdan, Kristina Wayborn, Steven Berkoff, Kabir Bedi, Lois Maxwell, David Meyer, Tony Meyer
R: John Glen
Filmdauer: 124 min.

INHALT
Bond (Roger Moore) kehrt von einer Kuba-Reise zurück, um im Fall eines ermordeten Kollegen zu ermitteln.

Die Spur führt zu der schönen Zirkusbesitzerin Octopussy (Maud Adams).

Deren Freund Prinz Kamal hat Kontakte zum irren Sowjetgeneral

Orlov. Der will bei einem Zirkusgastspiel eine Atombombe nach Deutschland schmuggeln und dort zünden.

JENSEITS DER STILLE

USA 1996
D: Sylvie Testud, Tatjana Trieb, Howie Seago, Emmanuelle Laborit
R: Caroline Link
Filmdauer: 110 min.

INHALT
Lara (Tatjana Trieb) ist die Tochter gehörloser Eltern. Sie beherrscht die Gebärdensprache so perfekt, dass sie ihren Eltern in sämtlichen Lebenslagen behilflich sein kann. An Weihnachten lernt Lara durch ihre Tante Clarissa die Welt der Musik kennen. Sie träumt davon, auf das Konservatorium zu gehen. Lara zieht zu ihrer Tante nach Berlin. Ihr Vater läßt seine Tochter nicht gerne gehen. Er befürchtet, Lara endgültig an die Welt „jenseits der Stille" zu verlieren.

DER JOB SEINES LEBENS 2

Deutschland 2004
D: Wolfgang Stumph, Katharina Thalbach, Katja Riemann
R: Hajo Gies
Filmdauer: 90 min.

INHALT
Kurz vor der Wahl erleidet der Ministerpräsident Achimsen (Wolf-

gang Stumph) einen Herzinfarkt. Seine Frau Heide (Katja Riemann) beschließt, dass der arbeitslose Erwin Strunz (Wolfgang Stumph), der ihrem Mann täuschend ähnlich sieht, die Rolle des Ministerpräsidenten übernehmen soll. Während Achimsen im Krankenhaus verweilt, macht Strunz auf eigenwillige Art und Weise Politik. Als es zum Wahlkampf-Duell kommt, macht sich seine Gattin (Katharina Thalbach) ernsthafte Sorgen um ihren Mann.

DER JOKER

Deutschland 1986
D: Peter Maffay, Tahnee Welch, Massimo Ghini, Elliot Gould, Armin Mueller-Stahl, Michael York
R: Peter Patzak
Filmdauer: 90 min.

INHALT
Der Polizeibeamte Jan Bogdan (Peter Maffay) von der Hamburger Mordkommission soll zusammen mit seinem besten Freund und Kollegen Toni Blach (Massimo Ghini) einen dreifachen Mord aufklären. Die Spuren am Tatort sind eindeutig. Der Täter war Dr. Proper (Michael York), ein gekaufter Killer mit der Lässigkeit und dem Selbstbewusstsein eines Filmstars.

Auftraggeber war das As, ein Mann, der seine kriminelle Organisation wie einen modernen Industriebetrieb führt.

Diese Organisation kontrolliert die gesamte Szene mit brutaler Gewalt jedem gegenüber, der sich nicht in die vorgegebenen Strukturen fügt.

Die Beamten bekommen das an der eigenen Haut zu spüren.

Seit Jahren sind sie mit Daniela Santini (Tahnee Welch) befreundet. Aus der Freundschaft wurde Liebe. Jan und Daniela sind ein Paar. Als sie plötzlich mehr für Toni empfindet, muss sie sich zwischen den beiden entscheiden. Bevor Daniela Mut findet und Jan ihre wahren Gefühle gesteht, schlägt das Schicksal erbarmungslos zu.

JUMPIN' JACK FLASH

USA 1986
D: Whoopi Goldberg, Carol Kane, Stephen Collins, John Wood, Annie Potts, Peter Michael Goetz, Tracey Ullman
R: Penny Marshall
Filmdauer: 125 min.

INHALT
Auf dem Bildschirm der New Yorker Bankangestellten Terry (Whoopi Goldberg) taucht ein mysteriöser Hilferuf auf. Der britische Geheimagent Jack steckt in Osteuropa fest und bittet um Unterstützung. Die britische Botschaft behauptet, den Mann nicht zu kennen. Terry startet auf eigene Faust einen Rettungsversuch. Plötzlich wird sie selbst verfolgt.

L.A. STORY

USA 1990
D: Steve Martin, Sarah Jessica Parker, Victoria Tennant, Marilu Henner, Richard E. Grant

R: Mick Jackson
Filmdauer: 95 min.

INHALT

Der Fernseh-Wetterfrosch Harris K. Telemacher (Steve Martin) wird während einer Autopanne auf dem Highway von Los Angeles von einem Leuchtbild angesprochen. Es bittet ihn um eine Umarmung. Telemacher erfüllt den Wunsch und wird mit prophetischen Andeutungen belohnt. Als er seinen Job verliert fungiert das Leuchtschild als gute Fee. Es hilft ihm dabei, wenigstens in seiner Liebe zur englischen Journalistin Sara glücklich zu werden.

LÉON - DER PROFI

Frankreich 1993
D: *Jean Reno, Natalie Portman, Gary Oldman, Danny Aiello, Peter Appel, Michael Badalucco*
R: *Luc Besson*
Filmdauer: 105 min.

INHALT

Der Auftragskiller Léon (Jean Reno) nimmt die kleine Mathilda (Natalie Portman) bei sich auf. Diese bringt den einsilbigen Sizilianer dazu, sie auszubilden. Mathilda möchte ihre Familie rächen, die von einer Horde von Dealern umgebracht wurde.

DIE LETZTEN BEISSEN DIE HUNDE

(Thunderbolt And Lightfoot), *USA 1974*

D: Clint Eastwood, Jeff Bridges
R: Michael Cimino
Filmdauer: 110 min.

INHALT

Die Kumpels von Gauner Thunderbolt (Clint Eastwood) glauben nicht, dass die Beute aus ihrem Coup nun unter einem Neubau begraben liegt. Mit dem jungen Lightfoot (Jeff Bridges) will er den Patzer wieder gutmachen. Das ist der Beginn einer wunderbaren Freundschaft.

LIEBE AUF DEN ERSTEN BLICK

Deutschland 1991
D: Geno Lechner, Julian Benedikt
R: Rudolf Thome
Filmdauer: 100 min.

INHALT

Zenon Bloch (Julian Benedikt), verwitweter Archäologe mit zwei Kindern aus der DDR, lernt auf einem Spielplatz in Berlin die allein erziehende Futurologin Elsa Süßeisen (Geno Lechner) kennen.

Beide verlieben sich ineinander. Auch wenn große Schwierigkeiten ihre Liebesbeziehung überschatten, schafft es die junge sympathische Frau immer wieder, sich daran zu erinnern, was sie möchte. Nämlich eine Beziehung mit Zenon.

LIEBE DARF ALLES TEIL 1/2

Deutschland 2001
D: Gudrun Landgrebe, Hans-Werner Meyer, Miroslav Nemec, Maria Bachmann, Dietmar Schönherr
R: Karl Kases
Filmdauer: 93 + 93 min.

INHALT
Teil 1:
Es beginnt im ICE Hamburg-Berlin. Unternehmersberaterin Anna Lenz (Gudrun Landgrebe) kommt vom Job und fährt zu ihrem Mann. Jungarzt Uwe Springer (Hans-Werner Meyer) sucht eine Stelle in Berlin, um seinen erkrankten Vater besser im Auge behalten zu können. Ein Lächeln, ein Blick - das war's? Wohl nicht. Ausgerechnet in Annas Firma muss sich Uwe einem Persönlichkeitstest unterziehen. Das Verfahren findet er relativ absurd, dafür spielen seine Gefühle verrückt.

Er ist von der wesentlich älteren Frau fasziniert und macht keinen Hehl daraus. Der Altersunterschied ist für Uwe kein Problem. Schon eher, dass Anna die Frau seines Chefs Prof. Richard Stein (Miroslav Nemec) ist, was er zunächst nicht wusste.

Aber da dieser Anna hemmungslos betrügt, nutzt Uwe dieses Wissen zu seinen Gunsten. Er findet eine Nachricht an den untreuen Gatten, der daraufhin zerknirscht seinen Fehltritt zu erklären versucht. Die bis dato ahnungslose Anna flüchtet in Uwes Arme.

Teil 2:
Inzwischen hat Prof. Richard Stein von der Affäre seiner Frau Wind bekommen. Aber wer ist der Nebenbuhler? Ein Privatdetektiv findet

es heraus. Ohne lange zu fackeln, langt der gehörnte Ehemann zu. Knockout. Der Kampf um Anna geht unbeirrt weiter. Uwe träumt von einem Leben mit der geliebten Frau. Richard lässt nichts unversucht, um seine Gattin zurückzuerobern. Eine Aussprache zu dritt soll Klarheit schaffen. Dabei erfährt Anna, dass Uwe hinter der Intrige steckt, die Richards unfreiwillige Beichte zur Folge hatte. Verletzt und verunsichert zieht sie in eine andere Stadt. Doch keiner der beiden Männer möchte auf seine Traumfrau verzichten.

LIEBST DU MICH

Deutschland 2000
D: Juliane Köhler, Robert Stadlober, Peter Simonischek, Hansa Czypionka, Ulrike Kriener, Peter Lerchbaumer
R: Gabriela Zerhau
Filmdauer: 88 min.

INHALT
Maria (Juliane Köhler) ist der Fragen aller Fragen überdrüssig. Ihr Mann Herbert (Peter Simonischek) stellt sie, da er eifersüchtig ist. Er hat eine Abneigung gegen Stiefsohn Paul, der als Symbol für Marias Vergangenheit als Striptease-Tänzerin steht. Als bei einem Motorradunfall, an dem Paul beteiligt ist, ein Junge ums Leben kommt, verrät Herbert seinen Stiefsohn bei der Polizei.

L.I.S.A. - DER HELLE WAHNSINN

USA 1985
D: Kelly LeBrock, Bill Paxton
R: John Hughes
Filmdauer: 110 min.

INHALT

Schüler basteln sich eine virtuelle Traumfrau (Kelly LeBrock), die plötzlich in der Realität vor ihnen auftaucht und ihnen die Köpfe verdreht – ein irrer Filmspaß beginnt.

MÄNNERPENSION

Deutschland 1996
D: Detlev Buck, Til Schweiger, Marie Bäumer, Heike Makatsch
R: Detlev Buck
Filmdauer: 90 min.

INHALT

Die Sträflinge Steinbock (Til Schweiger) und Hammer-Gerd (Detlev Buck) langweilen sich hinter schwedischen Gardinen. Sie erfahren davon, dass sie an einem Resozialisierungsprogramm teilnehmen sollen. Die beiden Knastbrüder erhalten ein einwöchiges Urlaubsdomizil bei gutmütigen Damen. Steinbock kommt bei Altenpflegerin Emilia (Marie Bäumer) unter, Gerd bei der lispelnden Maren (Heike Makatsch). Der Hafturlaub endet im Chaos.

MEN IN BLACK

USA 1997
D: Tommy Lee Jones, Will Smith, Linda Fiorentino, Vincent D'Onofrio, Rip Torn, Tony Shalhoub, Mike Nussbaum, Sergio Calderon
R: Barry Sonnenfeld
Filmdauer: 125 min.

INHALT

Die Aliens sind auf der Erde angekommen. Nicht alle sind jedoch eindeutig als solche zu erkennen. Manche tarnen sich als Durchschnittsmenschen. Die beiden Spezialagenten der US-Behörde gegen außerirdische Migration, Agent K (Tommy Lee Jones) und J (Will Smith), behalten den Durchblick. J hat für K's Geschmack eine zu große Klappe. Um die Welt vor den seltsamen Eindringlingen retten zu können, müssen sie sich jedoch zusammenraufen.

MIAMI RHAPSODY

USA 1995
D: Sarah Jessica Parker, Antonio Banderas, Mia Farrow, Gil Bellows, Naomi Campbell, Paul Mazursky, Kevin Pollack
R: David Frankel
Filmdauer: 110 min.

INHALT

Gwyn (Sarah Jessica Parker) könnte eigentlich glücklich sein. Ihr Freund Matt (Gil Bellows) beabsichtigt, sie zu heiraten.

Plötzlich bekommt sie Zweifel am Sinn und Zweck der Ehe.

Schockiert muss Gwyn erfahren, dass Mutter Nina (Mia Farrow) den Vater mit Omas Pfleger Antonio (Antonio Banderas) betrügt. Ihr Daddy (Paul Mazursky) geht seinerseits schon seit Jahren mit der Chefin eines Reisebüros ins Bett. Zu allem Überfluss schläft Gwyns Bruder (Kevin Pollak) mit Kaia (Naomi Campbell), der Frau seines Partners.

MILCHWALD

Deutschland 2003
D: Judith Engel, Horst-Günther Marx, Sophie Charlotte Conrad
R: Christoph Hochhäusler
Filmdauer: 85 min.

INHALT

Sylvia (Judith Engel) wirft ihre zwei Stiefkinder aus dem Auto, als sie zum Einkaufen nach Polen fährt. Als sie umkehrt, sind sie weg. Lea und Konstantin finden im Wald den netten Kuba. Ihr Vater befürchtet eine Entführung. Sylvia steht ihm bei, verschweigt jedoch ihre Tat.

MORAL 63

Deutschland 1963
D: Nadja Tiller, Mario Adorf, Charles Regnier, Fritz Tillmann, Peter Parten, Lore Bill
R: Rolf Thiele
Filmdauer: ca. 90 min.

INHALT
Ein Richter ordnet an, dass Marion (Nadja Tiller)), die Chefin eines Callgirl-Rings, ihre Memoiren auf Band sprechen muss. Das Geständnis lässt an Brisanz nichts zu wünschen übrig. Ein Film über Doppelmoral und ihre Folgen.

OTTO - DER FILM

Deutschland 1985
D: Otto Waalkes, Jessika Cardinal, Sky du Mont, Elisabeth Wiedemann, Peter Kuiper, Karl Lieffen, Gottfried John, Karl Schönböck
R: Xaver Schwarzenberger, Otto Waalkes
Filmdauer: 100 min.

INHALT
Das naive Landei Otto (Otto Waalkes) landet völlig abgebrannt in Hamburg. Ein Kredithai, dem er in die Hände fällt, steht seinem Glück im Wege. Er rettet Silvia von Kohlen und Reibach (Jessika Cardinahl) das Leben, was seine Probleme auf einen Schlag zu lösen scheint. Silvia findet Otto auch toll. Doch ihre Mutter mag ihn nicht. Otto selbst tut sich ebenfalls schwer, Silvia seine Liebe zu gestehen.

OUT OF ROSENHEIM

Deutschland 1987
D: Marianne Sägebrecht, CCH Pounder, Christine Kaufmann, Jack Palance
R: Percy Adlon
Filmdauer: 105 min.

INHALT

Als ihr Ehemann nach einem Streit das Weite sucht, sitzt die USA-Touristin Jasmin (Marianne Sägebrecht) allein in der Mojave-Wüste fest. In einem heruntergekommenen Motel namens „Café Bagdad" mietet sie sich ein Zimmer. Wie es sich für eine Deutsche gehört, macht sie erst einmal sauber, und freundet sich mit der Chefin Brenda (CCH Pounder) an.

PHILADELPHIA

USA 1992
D: Tom Hanks, Denzel Washington, Joanne Woodward, Antonio Banderas, Mary Steenburgen, Jason Robards jr., Ron Vawter
R: Jonathan Demme
Filmdauer: 155 min.

INHALT

Dem Anwalt Andrew Beckett (Tom Hanks), gerade zum Juniorpartner einer renommierten Kanzlei in Philadelphia auserkoren, wird aus heiterem Himmel gekündigt. Angeblich soll er fachlich inkompetent sein. Da Beckett aidskrank ist, vermutet er, dass seine Entlassung damit zu tun hat. Ermutigt von der Familie und seinem Lebensgefährten Miguel, beschließt Andrew, gegen seinen Arbeitgeber gerichtliche Schritte einzuleiten.

Der farbige Anwalt Joe Miller (Denzel Washington), selbst kein vorurteilsfreier Mensch, übernimmt den Fall. In einem spektakulären Prozess, in dessen Verlauf Andrew gesundheitlich immer mehr abbaut, kommt die Wahrheit ans Tageslicht.

Tom Hanks bekam für seine Darstellung den Oscar. Bruce „The

Boss" Springsteen wurde für den Titelsong dieselbe Auszeichnung zuteil.

PINK CADILLAC

USA 1989
D: Clint Eastwood, Bernadette Peters, T. Carhart
R: Buddy Van Horn
Filmdauer: 135 min.

INHALT

Der Kopfgeldjäger Tommy (Clint Eastwood) jagt Schuldner, die ihre Kaution nicht bezahlen können. Er folgt Mary-Lou (Bernadette Peters), die in einem pinkfarbenen Cadillac mit Baby und 250000 Dollar nach Las Vegas flieht. Als Tommy merkt, dass ihr eine kriminelle Bande an die Gurgel will, wird er von Mary-Lous Jäger zu ihrem Beschützer.

RAMBO III

USA 1988
D: Sylvester Stallone, Richard Crenna, Marc de Jonge
R: Peter MacDonald
Filmdauer: 115 min.

INHALT

Nach seinen anstrengenden Missionen hat sich Rambo (Sylvester Stallone) in ein buddhistisches Kloster zurückgezogen. Dort möchte er seinen inneren Frieden finden. Die Seelen-Reingung erweist sich als umsonst.

Die Russen kidnappen Rambos Ersatzvater Colonel Trautman (Richard Crenna), weil er die afghanischen Rebellen mit Waffen versorgt. Rambo muss erneut eingreifen.

DIE REINHEIT DES HERZENS

Deutschland 1980
D: Elisabeth Trissenaar, Matthias Habich, Heinrich Giskes, Marie Colbin, Herb Andress, Isolde Barth
R: Robert van Ackeren
Filmdauer: 104 min.

INHALT
Lisa (Elisabeth Trissenaar) und Jean sind ein abgeklärtes Paar. Intellektuell, fortschrittlich, vermögend. Sie teilen sich eine schöne Wohnung, in der jeder ein eigenes Schlafzimmer besitzt. Sie sind nicht verheiratet, weil sie keine kleinbürgerlichen Spießer sein wollen.

Ohne größere Leidenschaft an den Tag zu legen führen sie ein bequemes und harmonisches Wohlstandsleben.

Dann taucht Karl auf. Der Macho, der sich für Bücher lediglich als Diebesgut interessiert, bringt die Buchhändlerin Lisa um den Verstand.

Sie verfällt ihm mit einer Hemmungslosigkeit, die auch Jean aus der Bahn wirft und das ganze wohlgeordnete Gefüge ihres Zusammenlebens wie ein Kartenhaus zusammenbrechen lässt.

Der Störenfried wird ermordet, und Lisa und Jean mimen auf der Alm innige Liebe, ganz so, als wäre nichts geschehen.

ROSA LUXEMBURG

Deutschland 1986
D: Otto Sander, Barbara Sukowa, Daniel Olbrychski
R: Margarethe von Trotta

INHALT
Karl Liebknecht (Otto Sander) gründet zusammen mit Rosa Luxemburg (Barbara Sukowa) 1916 den Spartakusbund, die Keimzelle der KPD. Drei Jahre später werden die Köpfe der Arbeiterbewegung von Freikorps-Offizieren ermordet.

Barbara Sukowa wurde 1986 mit einem Preis bei den Filmfestspielen in Cannes ausgezeichnet.

ST. ELMO'S FIRE

USA 1985
D: Emilio Estevez, Rob Lowe, Demi Moore, Andrew McCarthy, Judd Nelson, Ally Sheedy, Mare Winningham
R: Joel Schumacher
Filmdauer: ca. 100 min.

INHALT
Sieben College-Absolventen suchen ihren Platz im Leben. Alex (Judd Nelson) tritt aus Karrieregründen den Republikanern bei und möchte Leslie (Ally Sheedy) heiraten. Sie wird ebenfalls vom Dichter Kevin umworben.
  Leslies reiche Freundin Wendy (Mare Winningham) arbeitet im

Sozialdienst, und Kirby (Emilio Estevez) beginnt ein Medizinstudium, um einer Ärztin zu imponieren.
Nur Billy (Rob Lowe) und Jules (Demi Moore) lassen sich treiben.

SCARAMOUCHE, DER GALANTE MARQUIS

USA 1952
D: Stewart Granger, Mel Ferrer, Eleanor Parker, Janet Leigh, Henry Wilcoxon, Nina Foch, Richard Anderson
R: George Sidney
Filmdauer: 110 min.

INHALT
Der junge Abenteurer Scaramouche (Stewart Granger) schwört dem Marquis de Maynes (Mel Ferrer) Rache, als der seinen Freund tötet.
Eine legendär lange Fechteinheit soll die Entscheidung bringen.

SCHILLER

Deutschland 2005
D: Barbara Auer, Matthias Schweighöfer, Robert Dölle, Teresa Weißbach, Jürgen Tarrach
R: Martin Weinhart
Filmdauer: 90 min.

INHALT
Als sein Erstlingswerk „Die Räuber" 1782 einschlägt wie eine Bombe, gibt es für den Jungdichter Schiller (Matthias Schweighöfer) kein Halten mehr. Er desertiert aus der Stuttgarter Garnison und stürzt sich ins Mannheimer Theaterleben.

Bereits sein zweites Stück „Die Verschwörung des Fiesco zu Genua" kommt bei Intendant von Dalberg (Jürgen Tarrach) weniger gut an. Konkurrent August Wilhelm Iffland (Robert Dölle), Bühnenstar und Autor, wittert Morgenluft.

Er will sich nicht nur den Posten als Hausautor schnappen, sondern auch das Herz der süßen Schauspielerin Katarina (Theresa Weißbach) erobern.

SCHULE DER VERFÜHRUNG

CH/E/F 1997
D: Bruno Putzulu, Vincent Elbaz, Smadi Wolfman
R: Olivier Péray
Filmdauer: 90 min.

INHALT
Der Frauenheld Lionel (Bruno Putzuli) hat mit seinem Freund Alain (Vincent Elbaz) eine Wette am laufen.

Er soll sich eine Frau suchen und mit ihr eine Nacht verbringen, ohne mit ihr Sex zu haben. Lionel lernt die scheue Claire (Smadi Wolfman) kennen.

Unter der schüchternen Oberfläche brodelt jedoch ein erotischer Vulkan. Aus dem Jäger wird ein Gejagter.

SCHWINDELNDE HÖHEN

Deutschland 2001
D: Ulrike Kriener, Roman Knizka, Rudolf Kowalski, Nikolaus Paryla
R: Jobst Oetzmann
Filmdauer: 85 min.

INHALT
Die Dombaumeisterin Marie (Ulrike Kriener) hat beruflichen Erfolg und liebt ihren Mann Rochus (Rudolf Kowalski). Sie gerät mächtig ins Stolpern, als der 22jährige Ben (Roman Knizka) auf der Baustelle des Regensburger Doms auftaucht und Arbeit sucht.
Sein jugendlicher Elan steckt sie an. Sie stellt ihn ein, obwohl er keinen Gesellenbrief besitzt. Ben und Marie schlittern in eine heiße Liebesaffäre.

SEX UP – JUNGS HABEN'S AUCH NICHT LEICHT

Deutschland 2003
D: Michaela Schaffrath, David Stoy, André Kaminski, Patrick Kalupa, Joseph Bolz, Jacob Matschenz
R: Florian Gärtner
Filmdauer: 91 min.

INHALT
Die jungfräulichen Kumpels Häschen (Jacob Matschenz), Ziege (André Kaminski) und Sven (Joseph Bolz) wollen endlich Sex haben. Eine Pille aus dem Saft einer Urwaldpflanze soll spröde Mädels willig machen.

Zunächst geht alles schief. Damit „Sex up" wirkt, braucht Mann nämlich Augenkontakt zum Opfer. Und das klappt nicht. Immerzu fällt der Blick auf die oder den Falsche(n).

SIND DENN ALLE NETTEN MÄNNER SCHWUL?

Deutschland 2001
D: Marc Hosemann, Floriane Daniel, Marco Rima, Andreas Maria Schwaiger, Nadeshda Brennicke, Arthur Klemt, Christian Kahrmann
R: Sibylle Tafel
Filmdauer: 120 min.

INHALT
Carlo (Marc Hosemann) wird von seiner Freundin rausgeworfen, als er zum wiederholten Male durchs Examen gefallen ist. Mala (Floriane Daniel) dagegen überrascht ihren Liebsten bei einem äußerst speziellen Fitness-Training mit einer Blondine und setzt ihn ebenfalls vor die Türe. Carlo hofft darauf, bei Mala Unterschlupf zu bekommen. Die Ärztin hat jedoch genug von Macho-Allüren und Barthaaren im Waschbecken.

DIE SPUR DER SCHWARZEN BESTIE

USA 1972
D: James Garner, Katharine Ross, Hal Holbrook, Harry Guardino
R: James Goldstone
Filmdauer: 95 min.

INHALT

Am Strand der kleinen kalifornischen Küstenstadt Eden Landing wird die geschiedene Jenny Campbell tot aufgefunden. Auf den ersten Blick scheint sie Opfer ihres Hundes geworden zu sein.

Es stellt sich jedoch bald heraus, dass der Hund fälschlich verdächtigt wurde. Mrs. Campbell ist in Süßwasser ertränkt und danach ins Meer geworfen worden. Kennt der Hund den Täter?

STARDUST MEMORIES

USA 1980
D: Woody Allen, Charlotte Rampling, Jessica Harper, Marie-Christine Barrault
R: Woody Allen
Filmdauer: 89 min.

INHALT

Regisseure am Rande des Nervenzusammenbruchs. So wie sein Vorbild Guido aus „Achteinhalb" steckt auch Woody Allens Alter ego Sandy Bates in der schöpferischen Krise. Der Komödienregisseur will nicht mehr lustig sein.

Doch seine düsteren, surrealistischen Filme überzeugen weder Produzenten noch Kritiker.

STIMME DER LIEBE

USA 1979
D: Michael Ontkean, Amy Irving, Alex Rocco, Barry Miller

R: Robert Markowitz
Filmdauer: ca. 100 min.

INHALT
Der junge Amerikaner Drew Rothman (Michael Ontkean) träumt von einer Karriere als Sänger. Er lernt die taube, außerordentlich hübsche Rosemarie Lemon (Amy Irving) kennen. Sie verlieben sich ineinander. Rosemarie ist tänzerisch sehr begabt, wagt aber erst, sich darin zu versuchen, als Drew sie dazu ermuntert.

STORMY MONDAY

GB/USA 1988
D: Melanie Griffith, Tommy Lee Jones, Sting, Sean Bean
R: Mike Figgis
Filmdauer: 90 min.

INHALT
Der Makler Cosmo (Tommy Lee Jones) möchte ein Hafenviertel im englischen Newcastle luxussanieren.
   Der Jazzclub-Besitzer Finney (Sting) ist sein härtester Widersacher. Er denkt nicht daran, sein Haus zu räumen. Cosmo organisiert zwei Schläger, um Finney eines Besseren zu belehren. Als der Jazz-Fan Brendan (Sean Bean) sich in Kate (Melanie Griffith) verliebt, erzählt ihm die Ex-Geliebte von Cosmo von dessen miesen Geschäftstricks. Brendan warnt seinen Boss Finney.

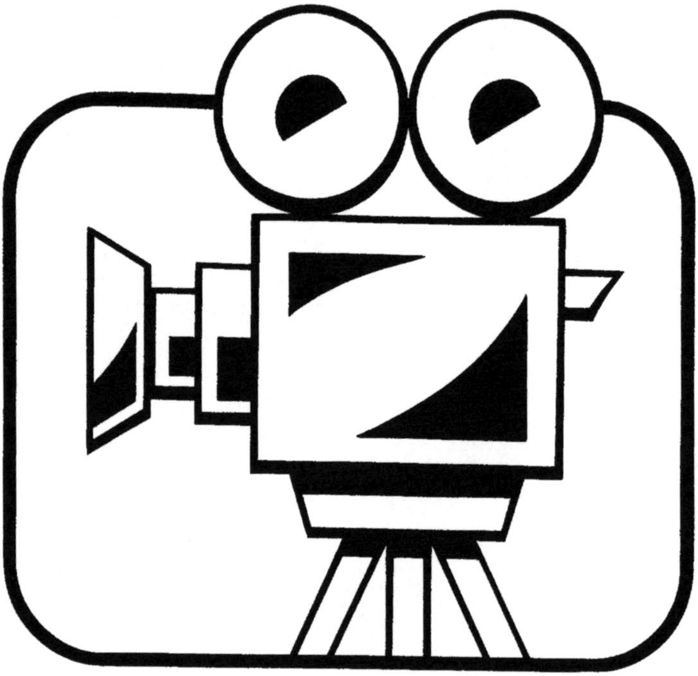

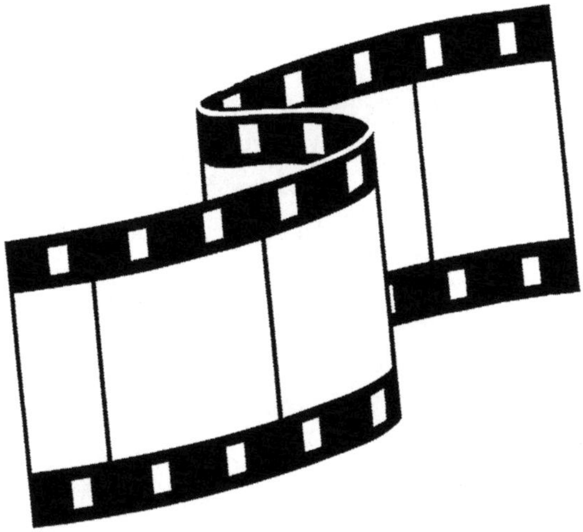

SUBWAY

Frankreich 1985
D: Christopher Lambert, Isabelle Adjani, Michel Galabru, Richard Bohringer
R: Luc Besson
Filmdauer: 102 min.

INHALT

Ein junger Punker (Christopher Lambert) lebt im weitverzweigten Tunnelsystem der Pariser Metro. In der vergessenen Seitenkammer einer Station hat er sich tatsächlich eine Behausung eingerichtet. Die Stadt unter der Stadt hat dem rollschuhfahrenden Außenseiter tagsüber alles zu bieten. Freunde, Menschenmengen, Geldquellen, Abenteuer und Mobilität. Er möchte eine Rockband gründen, weil der Sound hier unten so toll ist. Bis er sein Ziel erreicht, kommen ihm Ganoven, Polizisten und die Liebe in die Quere.

SUZHOU HE

China/Deutschland 1999 D: Zhou Xun, Jia Hongsheng, Lou Ye, Nai An
R: Lou Ye
Filmdauer: 80 min.

INHALT

Der Fluss Suzhou schlängelt sich durch Shanghai, die trübe Hauptschlagader eines urbanen Gewirrs aus Straßen, Gebäuden und zahllosen Geschichten.

Ein Erzähler, der sein Geld mit dem Filmen von Feierlichkeiten verdient, liebt eine geheimnisvolle Meerjungfrau namens Meimei.

In einer zweiten Episode trauert der Motorrad-Kurier Mardar um seine Geliebte Moudan, die sich in den Fluss stürzte. Er sucht sie in der ganzen Stadt. Später glaubt er, Moudan in der Tänzerin Meimei wiedergefunden zu haben.

DER TEE IM HAREM DES ARCHIMEDES
(Le The Au Harem D'Archimede)
Frankreich 1985
D: Kader Boukhanef, Rémi Martin, Laure Duthilleul, Saida Bekkouche
R: Mehdi Charef
Filmdauer: 110 min.

INHALT
Madjid (Kader Boukhanef) und Pat (Rémi Martin) wollen eine gute Tat vollbringen. Weil ihre Nachbarin Josette (Laure Duthilleul) arbeitslos geworden ist und kein Geld für ihren kleinen Sohn hat, gehen sie mit ihr in ein Containerdorf hinter den Bahngleisen. Dort verkaufen sie sie an ausländische Arbeiter. Zunehmend betrunken, lässt sich Josette von Hütte zu Hütte schleppen und macht willig die Beine breit. Das geht so lange, bis ein strenggläubiger Moslem die drei mit Steinen bewirft. Auf dem Rückweg bricht Josette heulend zusammen. Pat versteht die Welt nicht mehr.

TOP GUN

USA 1985
D: Tom Cruise, Val Kilmer, Kelly McGillis, Anthony Edwards, Tom Skerritt, Meg Ryan
Regie: Tony Scott
Filmdauer: 130 min.

INHALT
Der Kampfflieger Pete „Maverick" Mitchell (Tom Cruise) gilt als undisziplinierter Draufgänger. Er setzt sich über sämtliche Vorschriften hinweg, will sowohl als Flieger als auch bei der charmanten Ausbilderin Charlie (Kelly McGillis) die Nummer 1 werden.

DIE TOTE AM SEE

Niederlande 2003
D: Björn Floberg, Kristoffer Joner, Marco Kanic, Eva Röse
R: Pal Oie
Filmdauer: 80 min.

INHALT
TV-Produzent Gunnar (Björn Floberg) lädt sämtliche Moderatoren seiner Reality-Show zu einem Ausflug in die Wälder Norwegens ein. Fernab der Zivilisation sollen Lasse (Kristoffer Joner), Per (Marco Kanic), Elin (Eva Röse) und Sara (Sampda Sharma) zeigen, was sie sich alles an Survivalstrategien in freier Natur einfallen lassen. Als Lasse und Per im See eine Frauenleiche finden, wird aus dem Spiel bitterer Ernst. Ein Alptraum beginnt.

2 GIRLS IN LOVE

USA 1995
D: Laurel Hollomon, Nicole Parker, Dale Dickey, Stephanie Berry, Maggie Moore
R: Maria Maggenti
Filmdauer: ca. 90 min

INHALT
Das etwas ungezogene Waisenmädchen Randy Dean (Laurel Holloman) verliebt sich in das wohlerzogene farbige Highschool-Girl Evie Roy (Nicole Parker).
  Evie ist seit der Trennung von ihrem Freund wieder solo und lädt Randy übers Wochenende zu sich ein. Als ihre Mutter früher heimkehrt, findet sie ein Chaos vor und Randy und Roy als Liebespaar im Bett. Hals über Kopf fliehen die beiden in ein Motel.

ÜBER DEN DÄCHERN VON NIZZA
(To Catch A Thief)
USA 1955
D: Cary Grant, Grace Kelly, Jessie Royce Landis
R: Alfred Hitchcock
Filmdauer: 102 min.

INHALT
Ex-Juwelendieb John Robie (Cary Grant) muss einen Dieb entlarven, der sich in seinem Namen auf Beutezug befindet.
  Die reiche Frances (Grace Kelly) liebt den geläuterten Sonnyboy, traut ihm aber nicht über den Weg.

VIER ABENTEUER VON REINETTE UND MIRABELLE

Frankreich 1987
D: Jessica Forde, Joelle Miquel
R: Eric Rohmer
Filmdauer: 95 min.

INHALT
Fragen wie solche, ob man Pennern Geld geben sollte, sind für die prinzipientreue Reinette (Joelle Miquel) und die Pariser Studentin Mirabelle (Jessica Forde) Anlass genug, ihren Lebensstil von vorn bis hinten zu überdenken. Auf einer Radtour haben sie sich angefreundet. Sie besuchen sich abwechselnd. Mal verbringt Mirabelle einen Tag auf dem Land, mal reist Reinette zu ihr nach Paris.

VIVA MARIA!

Frankreich/Italien 1965
D: Jeanne Moreau, Brigitte Bardot, George Hamilton
R: Louis Malle
Filmdauer: 110 min.

INHALT
Zwei Marias (Jeanne Moreau und Brigitte Bardot) veranstalten eine „erotische Revolution". Sie tingeln durch das Mexiko des Jahres 1907, erfinden rein zufällig den Striptease und sind bei einem Bauernaufstand zur Stelle. Dort sind sie Feuer und Flamme für den Rebellenführer Flores (George Hamilton) und

avancieren schließlich zu umtriebigen Anführerinnen der Aufständischen.

WER HAT ANGST VOR ROT GELB BLAU

Deutschland 1990
D: Max Tidof, Stephanie Philipp, Heino Ferch, Gunter Berger, Peter Fitz
R: Heiko Schier
Filmdauer: 90 min.

INHALT
Der junge Maler Matthias Banuscher (Max Tidof) will in seinem Metier ganz groß rauskommen. Zunächst schafft er es nicht, seine Bilder aus seinem etwas heruntergekommenen Garagenatelier in lukrativen Galerien unterzubringen. Für den Unterhalt sorgt seine Freundin Francis. Sie versucht auch, eine Ausstellung für ihren Freund zu organisieren. Als sich der Erfolg für Matthias einzustellen scheint, verlässt er Francis, weil er sie angeblich nicht mehr liebt. Für Francis bricht eine Welt zusammen. Sie plant einen leidenschaftlichen Rachefeldzug gegen Matthias.

WHEN A MAN LOVES A WOMAN

USA 1994
D: Andy Garcia, Meg Ryan, Ellen Burstyn
R: Luis Mandoki
Filmdauer: 135 min.

INHALT
Alice (Meg Ryan) hat zwei reizende Töchter, einen liebenden, erfolgreichen Mann und ein schönes Haus im Grünen. So weit ist das Idyll der Vorzeigefamilie stimmig.

Während die temperamentvolle Lehrerin früher gern mal einen über den Durst getrunken hat und Ehemann Michael (Andy Garcia) sich über ihre Spritzigkeit amüsierte, kommt sie inzwischen viel zu spät und sternhagelvoll nach Hause.

Als Alice eine ihrer Töchter schlägt, muss sich Michael die Wahrheit eingestehen. Seine Frau ist Alkoholikerin.

Nach einer beinharten Therapie kommt sie verändert zurück. Ihre Ehe liegt in Scherben. Die Frage, warum Alice zur Flasche griff, fördert schmerzhafte Wahrheiten zu Tage.

WIE EIN SCHREI IM WIND
(The Trap)
Großbritannien 1965
D: Rita Tushingham, Oliver Reed, Barbara Chillcott
R: Sidney Hayers
Filmdauer: 106 min.

INHALT
Westkanada im 19. Jahrhundert. Der Pelzjäger Jean (Oliver Reed) kauft sich für 1000 Dollar eine Frau, weil er der Einsamkeit und der langen Winternächte oben in den Bergen überdrüssig ist.

Die Waise Eva (Rita Tushingham) ist taubstumm seit dem gewaltsamen Tod ihrer Eltern und alles andere als willig.

Eingeschüchtert vom wilden Naturell des Jägers folgt sie ihm in die Wildnis.

Sie lernt das Leben in der Blockhütte kennen, arbeitet fügsam und hält Jean auf Distanz.

Zunächst bemüht er sich um ihre Zuneigung. Wenig später versucht er, sie zu vergewaltigen.

Als Eva dem in die Bärenfalle getretenen Jean das Bein amputieren muss, entsteht ein Hauch von Liebe zwischen den beiden.

WIE HEIRATET MAN EINEN KÖNIG?

DDR 1969
D: Cox Habbema, Eberhard Esche
R: Rainer Simon
Filmdauer: 90 min.

INHALT

Auf einem Stück Land, das ein Bauer und seine Tochter (Cox Habbema) vom König (Eberhard Esche) erbaten, finden die beiden eine Schatulle ohne Deckel.

Den Rat der Tochter in den Wind schlagend, bringt der Bauer sie zum König. Wie von ihr vorhergesagt, bezichtigt dieser den Bauer des Diebstahls und lässt ihn einsperren.

Drei Rätsel muss die kluge und schöne Bauerntochter lösen, um ihren Vater zu befreien. Der König macht sie zur Königin.

WILLIAM SHAKESPEARES ROMEO UND JULIA

USA 1996
D: Claire Danes, Leonardo DiCaprio, Brian Dennehy, John Leguizamo, Pete Postlethwaite, Paul Sorvino
R: Baz Luhrmann
Filmdauer: 125 min.

INHALT

In Verona Beach bekriegen sich zwei Familienclans miteinander. Ausgerechnet deren einzige Sprösslinge Romeo (Leonardo DiCaprio) und Julia (Claire Danes) verlieben sich auf einem Ball ineinander. Ihre heimliche Hochzeit führt unausweichlich zur Tragödie.

WINNETOU I

Deutschland/Jugoslawien/Frankreich 1963
D: Pierre Brice, Lex Barker, Marie Versini, Mario Adorf
R: Harald Reinl
Filmdauer: 125 min.

INHALT

Das germanische Greenhorn (Lex Barker) wird in Wildwest zum Helden Old Shatterhand und rettet das Leben des edlen Apachenhäuptlings Winnetou (Pierre Brice). Der Beginn einer großen, dicken Männerfreundschaft.

WINNETOU II

Deutschland/Jugoslawien 1964
D: Pierre Brice, Lex Barker, Anthony Steel, Karin Dor, Klaus Kinski,
Terence Hill
R: Harald Reinl
Filmdauer: 120 min.

INHALT
Winnetou (Pierre Brice) und Old Shatterhand (Lex Barker) wollen Frieden zwischen Indianern und Weißen stiften, doch die Forrester-Bande ist scharf auf das Öl im Indianergebiet und heizt die Zwistigkeiten immer wieder an. Während seiner Friedens-Mission rettet Winnetou die Häuptlingstochter Ribanna (Karin Dor) vor einem Bären und verliebt sich in sie. Doch Ribanna ist bereits dem Soldaten Merril (Terence Hill) versprochen.

WISH YOU WERE HERE

Großbritannien 1987
D: Emily Lloyd, Tom Bell, Jessie Birdsall, Geoffrey Durham
R: David Leland
Filmdauer: 105 min.

INHALT
Lynda (Emily Lloyd)) steht am Straßenrand und zeigt aus geschlitztem Kleid ihre hübschen Beine.
　Das hat sie im Kino von Betty Grable abgeschaut. Die Jungs fanden es bislang immer aufregend. Doch so einfach ist es nicht mit

der erwachenden Erotik, jedenfalls nicht in einer englischen Kleinstadt im Jahr 1951.

Lynda schert sich nicht um die verlogene Moral ihrer Mitmenschen. Die Männer gaffen sie an, Lyndas etwas provozierende Art schlägt Wellen der Empörung.

Die Mutter will sie zum Psychiater schicken, ihr Chef ermahnt sie zu züchtiger Bekleidung, schielt jedoch selbst auf Lyndas Beine.

ZAHN UM ZAHN

Deutschland 1985
D: Götz George, Renan Demirkan, Eberhard Feik, Charles Brauer
R: Hajo Gies
Filmdauer: 95 min.

INHALT

Bei diesem Fall sind die Reporterin und der Bulle Konkurrenten und Verbündete zugleich. Kommissar Schimanski (Götz George) glaubt nicht, dass Geschäftsmann Krüger erst seine Familie und dann sich selbst umgebracht hat.

Es reicht verdächtig nach Mord. Genau das denkt auch Ulli (Renan Demirkan), die eine heiße Story wittert.

Gemeinsam und doch jeder auf eigene Rechnung ermittelt das Paar bis in die französische Hafenstadt Marseille.

ZUCKERBABY

Deutschland 1984
D: Marianne Sägebrecht, Eisi Gulp, Manuela Denz, Toni Berger, Will Spindler
R: Percy Adlon
Filmdauer: 86 min.

INHALT
Sie ist dick und unglücklich. Zu allem Überfluß arbeitet sie auch noch in einem Bestattungsinstitut. Nach der Arbeit verkriecht sie sich im Bett und stopft sich voll.
　Eines Tages reißt sie die Stimme des U-Bahn-Fahrers Huber (Eisi Gulp) aus ihrer Verzweiflung.
　Sie setzt alles daran, diesen Märchenprinzen zu erobern. Was zunächst als aussichtslos erscheint, gelingt. Der gutaussehende U-Bahn-Fahrer mit den blonden Haaren verfällt der aufblühenden Dicken (Marianne Sägebrecht).
　Das ungleiche Paar erlebt in seinem Liebesnest zwei Wochen voller Sinnlichkeit und Seligkeit, bis Hubers eiskalte Ehefrau (Manuela Denz) aus dem Urlaub zurückkommt und die Affäre jäh beendet.

DER ZUG
(The Train)
USA/I/F 1964
D: Burt Lancaster, Paul Scofield, Jeanne Moreau
R: John Frankenheimer
Filmdauer: 130 min.

INHALT
1944 im besetzten Frankreich. Die Invasionstruppen rücken näher, und daher soll Nazi-Offizier von Waldheim (Paul Scofield) wertvolle Gemälde per Zug nach Deutschland schaffen. Lokführer Labiche (Burt Lancaster) will das um jeden Preis verhindern.

ZWEIKAMPF

Deutschland 2001
D: Hilmar Thate, Gerd Baltus, Hedi Kriegeskotte, Barbara Schöne, Jürgen Schornagel
Regie: Gert Steinheimer
Filmdauer: 90 min.

INHALT
Der Rentner Thomas Wünsche (Gerd Baltus) ist ein ruhiger Mensch, der es liebt, sich dem Sammeln und Pressen von Blüten zu widmen. Seiner Frau ist dieses Hobby ein Dorn im Auge. Als sie seine Blumenbilder wegwirft, erleidet sie einen „Unfall" und stirbt.

Das Leben des Witwers Wünsche könnte nun friedlich verlaufen, wäre da nicht Frau Wildbach, die Nachbarin, die ihn verwöhnen möchte. Doch auch ihr ist die Blumensammlung im Wege.

Eine ganze Serie von „Unfällen" schließt sich an, bis sich der pensionierte Kommissar Otto Konrad (Hilmar Thate) um Aufklärung bemüht.

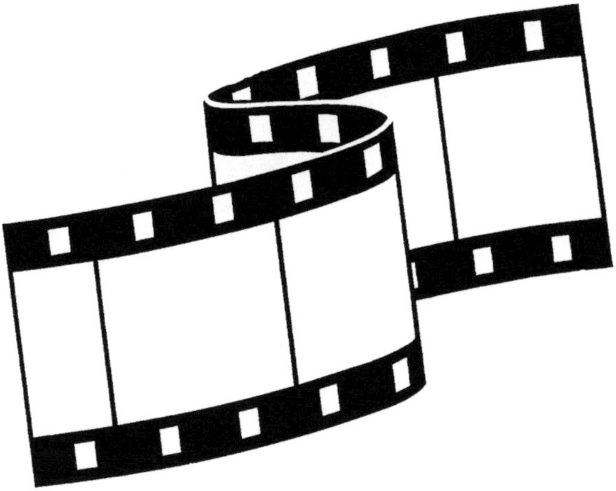

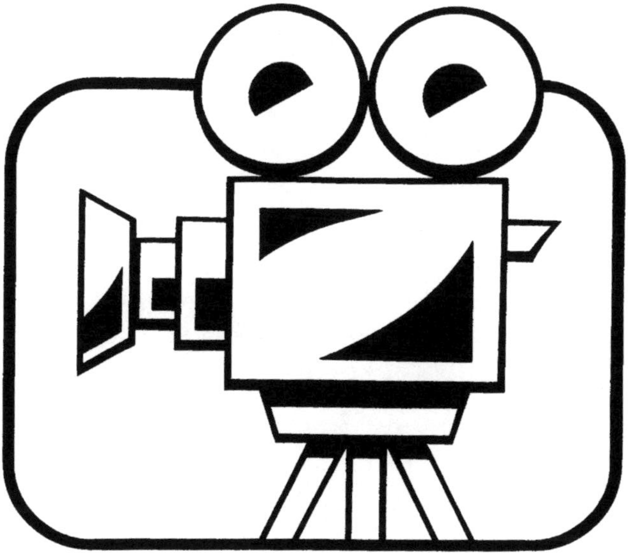

DIE BESTEN 50 DEUTSCHSPRACHIGEN SCHAUSPIELER

(vom Publikum gewählt und am 24.11.2006 im ZDF ausgestrahlt)

1. Heinz Rühmann
2. Mario Adorf
3. Romy Schneider
4. Iris Berben
5. Peter Alexander
6. Veronica Ferres
7. Heinz Erhardt
8. Heino Ferch
9. Inge Meysel
10. Günter Strack
11. Senta Berger
12. Götz George
13. Christiane Hörbiger
14. Gert Fröbe
15. Jürgen Vogel
16. Harald Juhnke
17. Sebastian Koch
18. Vicco von Bülow (Loriot)
19. Maria Furtwängler
20. Robert Atzorn
21. Armin Müller-Stahl
22. Klaus Kinski
23. Alexandra Maria Lara
24. Til Schweiger
25. Maximilian Schell
26. Hans Albers
27. Hannelore Elsner
28. Martina Gedeck
29. Michael „Bully" Herbig
30. Manfred Krug
31. Maria Schell
32. Heike Makatsch
33. Ulrich Mühe
34. Curd Jürgens
35. Ulrike Folkerts
36. Hildegard Knef
37. Bruno Ganz
38. Hannelore Hoger
39. Heiner Lauterbach
40. Uschi Glas
41. Wolfgang Stumph
42. Christian Wolff
43. Liselotte Pulver
44. Marlene Dietrich
45. Mariele Millowitsch
46. Klaus Maria Brandauer
47. Mavie Hörbiger
48. Katja Riemann
49. Willy Millowitsch
50. Moritz Bleibtreu

REGISTER

FILME

Aimée & Jaguar *11*
Anna Wunder *11*
Arizona Dream *12*
Barbarella *13*
Barb Wire *12*
Bekenntnisse des Hochstaplers Felix Krull *14*
Belphégor - Das Phantom des Louvre *15*
Big Trouble In Little China *16*
Bitter Moon *17*
Black Rain *17*
Blue Velvet *18*
Bonnie und Clyde *18*
Bus Stop *21*
Cat Ballou *22*
Chinese Box *22*
Critters *23*
Crocodile Dundee *23*
Das Boot - Der Director's Cut *19*
Das erste Semester *30*
Das Geheimnis des Rubins *39*
Der bewegte Mann *15*
Der Felsen *33*
Der Himmel über Berlin *43*
Der Job seines Lebens 2 *53*
Der Joker *54*
Der Tee im Harem des Archimedes *77*
Der Zug *87*
Desperado *24*
Die barfüßige Gräfin *13*
Die Braut *20*
Die Brücke *20*
Die drei Tage des Condor *26*
Die dritte Dimension *27*
Die Farbe Lila *32*
Die Feuerzangenbowle *33*
Die Firma *35*
Die Geschichte des Jungen, der geküsst werden wollte *40*
Die letzten beißen die Hunde *56*
Die Reinheit des Herzens *66*
Die Spur der schwarzen Bestie *71*
Die Tote am See *78*
Dirty Dancing *25*
Dona Flor und ihre beiden Ehemänner *25*
Drei Farben: Blau *26*
Du und ich und Onkel Bob *28*
Eine Liebe von Swann *28*
Einer von uns beiden *29*
Ein Fisch namens Wanda *29*
Falling Down *30*

Familiengrab *31*
Felx *32*
Fickende Fische *34*
Footloose *35*
Forever Young *36*
For Your Eyes Only *51*
Frische Ware *38*
Frühstück bei Tiffany *38*
Gefühle, die man nicht sieht *39*
Georg Elsner - Einer aus
Deutschland *40*
Goldfinger *41*
Gorky Park *41*
Haben und Nichthaben *42*
Heißer Süden *42*
Hinterholz 8 *44*
Hochwürdens Ärger mit dem
Paradies *45*
Immer diese Radfahrer *45*
Im Schatten von Lissabon *46*
Im Tal des Schweigens *46*
Im Westen nichts Neues *47*
Im Zwielicht *47*
Independence Day *48*
In einer heißen Nacht *49*
I.Q. - Liebe ist relativ *49*
Italiener und andere Süßigkeiten *50*
James Bond 007 - Im Geheimdienst ihrer Majestät *50*

James Bond 007 - In tödlicher Mission, *51*
James Bond 007 - Liebesgrüße aus Moskau *52*
James Bond 007 - Octopussy *52*
Jenseits der Stille *53*
Jumpin' Jack Flash *55*
L.A. Story *55*
La Troisième Dimension *27*
Léon - Der Profi *56*
Le The Au Harem D'Archimede *77*
Liebe auf den ersten Blick *57*
Liebe darf alles Teil 1/2 *58*
Liebst du mich *59*
L.I.S.A. - Der helle Wahnsinn *60*
Männerpension *60*
Men In Black *61*
Miami Rhapsody *61*
Milchwald *62*
Moral 63 *62*
Otto - Der Film *63*
Out Of Rosenheim *63*
Philadelphia *64*
Pink Cadillac *65*
Rambo III *65*
Rosa Luxemburg *67*
Scaramouche, der galante Marquis *68*
Schiller *68*

Schule der Verführung 69
Schwindelnde Höhen 70
Sex Up - Jungs haben's auch
nicht leicht 70
Sind denn alle netten Männer
schwul? 71
Stardust Memories 72
St. Elmo's Fire 67
Stimme der Liebe 72
Stormy Monday 73
Subway 76
Suzhou He 76
The Barefoot Contessa 13
The Firm 35
The Train 87
The Trap 82
Things You Can Tell Just By
Looking 39
Three Days Of The Condor 26
Thunderbolt And Lightfoot 56
To Catch A Thief 79
To Have And Have Not 42
Top Gun 78
Trois Couleurs: Bleu 26
Two Girls in Love 79
Über den Dächern von Nizza 79
Vier Abenteuer von Reinette
und Mirabelle 80
Viva Maria! 80
Wer hat Angst vor Rot Gelb
Blau 81
When A Man Loves A Woman 81
Wie ein Schrei im Wind 82
Wie heiratet man einen König? 83
William Shakespeares Romeo
und Julia 84
Winnetou I 84
Winnetou II 85
Wish You Were Here 85
Zahn um Zahn 86
Zuckerbaby 87
Zweikampf 88

Regisseure

Adlon, Percy 63, 87
Allen, Woody 72
Apted, Michael 41
Ardolino, Emile 25
Barreto, Bruno 25
Benton, Robert 47
Besson, Luc 56, 76
Boll, U. 30
Brandauer, Klaus Maria 40
Buck, Detlev 60
Carpenter, John 16

Charef, Mehdi 77
Cimino, Michael 57
Crichton, Charles 29
Demme, Jonathan 64
Deppe, Hans 45
Edwards, Blake 38
Emmerich, Roland 48
Faiman, Peter 23
Färberböck, Max 11
Figgis, Mike 73
Frankel, David 61
Frankenheimer, John 87
Garcia, Rodrigo 39
Gärtner, Florian 70
Getto, Almut 34
Gies, Hajo 53, 86
Glen, John 50, 51, 52
Goldstone, James 71
Graf, Dominik 33
Granier-Deferre, Pierre 39
Günther, Egon 20
Hamilton, Guy 41
Harather, Paul 38
Harel, Philippe 40
Hawkes, Howard 42
Hayers, Sidney 82
Herek, Stephen 23
Hernandez, Antonio 46
Hitchcock, Alfred 31, 79
Hochhäusler, Christoph 62

Hogan, David 12
Hughes, John 60
Hunt, Peter 50
Jackson, Mick 56
Kases, Karl 58
Kieslowski, Krzystof 26
Kusturica, Emir 12
Leland, David 85
Link, Caroline 53
Litvak, Anatole 27
Logan, Joshua 21
Luhrmann, Baz 84
Lynch, David 18
MacDonald, Peter 65
Maggenti, Maria 79
Malle, Louis 80
Mandoki, Luis 81
Mankiewicz, Joseph 13
Markowitz, Robert 73
Marshall, Penny 55
Milestone, Lewis 47
Miner, Steve 36
Oetzmann, Jobst 70
Oie, Pal 78
Patzak, Peter 54
Penn, Arthur 18
Péray, Olivier 69
Petersen, Wolfgang 19, 29
Polanski, Roman 17
Pollack, Sydney 26, 35

Reinl, Harald *84, 85*
Retzer, Otto W. *45*
Rodriguez, Robert *24*
Rohmer, Eric *80*
Ross, Herbert *35*
Salomé, Jean-Paul *15*
Sämann, Peter *46*
Schepisi, Fred *49*
Schier, Heiko *81*
Schlöndorff, Volker *28*
Schumacher, Joel *30, 67*
Schwarzenberger, Xaver *63*
Scott, Ridley *17*
Scott, Tony *78*
Sicheritz, Harald *44*
Sidney, George *68*
Silverstein, Elliott *22*
Simon, Rainer *83*
Sinkel, Bernhard *14*
Smart, Alister *28*
Sonnenfeld, Barry *61*
Spielberg, Steven *32*

Steinheimer, Gert *88*
Tafel, Sibylle *71*
Thiele, Rolf *62*
Thome, Rudolf *57*
Vadim, Roger *13*
van Ackeren, Robert *66*
Van Horn, Buddy *65*
Verbong, Ben *49*
von Trotta, M. *32*
von Trotta, Margarethe *67*
Waalkes, Otto *63*
Wagner, Ulla *11*
Walsh, Raoul *43*
Wang, Wayne *22*
Weinhart, Martin *68*
Weiss, Helmut *33*
Wenders, Wim *43*
Wicki, Bernhard *20*
Wieland, Ute *50*
Wortmann, Sönke *16*
Ye, Lou *76*
Young, Terence *52*
Zerhau, Gabriela *59*

Schauspieler

Ackland, Joss *14*
Adams, Maud *52*
Adjani, Isabelle *76*
Adorf, Mario *62, 84*
Aiello, Danny *56*

Albach-Retty, Wolf *45*
Allen, Woody *72*
Anderson, Brooke *28*
Anderson, Pamela *12*
Anderson, Richard *68*

Andress, Herb *66*
An, Nai *76*
Anthoff, Gerd *38*
Appel, Peter *56*
Ardant, Fanny *28*
Armendariz, Pedro *52*
Auer, Barbara *68*
Avery, Margaret *32*
Ayres, Lew *47*
Bacall, Lauren *42*
Bachmann, Maria *58*
Bacon, Kevin *35*
Badalucco, Michael *56*
Balsam, Martin *38*
Baltus, Gerd *88*
Banderas, Antonio *24, 61, 62, 64*
Bardot, Brigitte *80*
Barker, Lex *84, 85*
Barrault, Marie-Christine *28, 72*
Barth, Isolde *66*
Bäumer, Marie *60*
Bean, Sean *73*
Beatty, Warren *18*
Beck, Rufus *15, 16*
Bedi, Kabir *52*
Bekkouche, Saida *77*
Bellows, Gil *61*
Bell, Tom *85*
Benedikt, Julian *57*
Bennent, Anne *28*

Berger, Gunter *81*
Berger, Toni *87*
Berkoff, Steven *52*
Berry, Stephanie *79*
Bianchi, Daniela *52*
Bill, Lore *62*
Binoche, Juliette *26*
Birdsall, Jessie *85*
Björn Floberg, *78*
Black, Karen *31, 32*
Blackman, Honor *41*
Blom, Mark *23*
Blumhoff, Christiane *38*
Böck, W. *44*
Bogart, Humphrey *13*, 14, *42*
Bohnet, Folker *20*
Bohringer, Richard *76*
Bois, Curt *43*
Bolz, Joseph *70*
Boukhanef, Kader *77*
Bouquet, Carole *51*
Braga, Sonia *25*
Brandauer, Klaus Maria *40*
Brauer Charles *86*
Brennan, Walter *42*
Brennicke, Nadeshda *71*
Brice, Pierre *84, 85*
Bridges, Jeff *57*
Buck, Detlev *60*
Burstyn, Ellen *81*

Burton, Kate 16
Buscemi, Steve 24
Buschmann, Christel 32
Bush, Billy „Green" 23
Busia, Akosua 32
Calderon, Sergio 61
Callan, Michael 22
Campbell, Naomi 61, 62
Canonica, Sibylle 20
Capshaw, Kate 17
Cardinal, Jessika 63
Carhart, T. 65
Carmichael, Hoagy 42
Carrière, Mareike 14
Cattrall, Kim 16
Channing, Stockard 47
Chillcott, Barbara 82
Chong, Rae Dawn 32
Christie, Julie 15
Clarin, Hans 45
Cleese, John 29, 30
Close, Glenn 39
Colbin, Marie 14, 66
Collet, Julien 40, 41
Collins, Corny 45
Collins, Stephen 55
Connery, Sean 41, 52
Conrad, Sophie Charlotte 62
Cotillard, Marion 40
Cottencon, Fanny 39

Coyote, Peter 17
Crenna, Richard 65, 66
Cruise, Tom 35, 78
Curtis, Jamie Lee 29, 30
Czypionka, Hansa 59
Damme, Ellen ten 34
Danes, Claire 84
Daniel, Floriane 71
de Almeida, J. 24
Deekeling, Alice 11
de Jonge, Marc 65
Dellgrün, S. 11
Delon, Alain 28
Demirkan, Renan 86
Dennehy, Brian 40, 41, 42, 84
Denz, Manuela 87
Depp, Johnny 12
Dern, Bruce 31
Dern, Laura 18
de Rooy, Mirjam 49
Devane, William 31, 32
de Villalonga, José-Louis 38
Diaz, Cameron 39
DiCaprio, Leonardo 84
Dickey, Dale 79
Diefenthal, Frédéric 15
Dölle, Robert 68, 69
Dommartin, Solveig 43
D'Onofrio, Vincent 61
Dorfer, Alfred 44

Dor, Karin 85
Douglas, Michael 17, 18, 30, 31
du Mont, Sky 63
Dunaway, Faye 12, 18, 19, 26
Dun, Dennis 16
Durham, Geoffrey 85
Düringer, Roland 44
Durning, Charles 49
Duthilleul, Laure 77
Duvall, Robert 30
Eastwood, Clint 57, 65
Eaton, Shirley 41
Ebsen, Buddy 38
Edwards, Anthony 78
Eichhorn, Karoline 33
Elbaz, Vincent 69
Engel, Judith 62
Erhardt, Heinz 45
Esche, Eberhard 83
Estevez, Emilio 67, 68
Falk, Peter 43
Farrow, Mia 61, 62
Feik, Eberhard 86
Ferch, Heino 81
Ferrer, Mel 68
Ferres, Veronica 20
Field, Betty 21
Fiorentino, Linda 61
Fitz, Peter 81
Fitz, Veronika 46

Floberg, Björn 78
Flockheart, C. 39
Foch, Nina 68
Fonda, Jane 13, 22
Forcher, Ronja 46
Forde, Jessica 80
Fröbe, Gert 41
Froschauer, Franz 46
Fry, Stephen 49
Gable, Clark 42, 43
Galabru, Michel 76
Ganz, Bruno 43, 44
Garcia, Andy 17, 18, 81, 87
Gardner, Ava 13, 14
Garner, James 47, 71
Gärtner, Claus Theo 29
George, Götz 86
Gerace, Liliana 39
Ghini, Massimo 54
Gibson, Mel 36
Giskes, Heinrich 66
Glasser, Isabel 36
Glover, Danny 32
Glover, Julian 51
Goetz, Peter Michael 55
Goldberg, Whoopi 32, 55
Goldblum, Jeff 48
Goring, Marius 13
Gould, Elliot 54
Granger, Stewart 68

Grant, Cary 79
Grant, Hugh 17
Grant, Richard E. 55
Gréco, Juliette 15
Grey, Jennifer 25
Griffith, Melanie 73
Grönemeyer, Herbert 19
Gschnitzer, Julia 46
Guardino, Harry 71
Gulp, Eisi 87
Haas, Waltraut 45
Habbema, Cox 83
Habermann, Eva 45
Habich, Matthias 66
Hackman, Gene 18, 19, 35, 47
Hamilton, George 80
Hanks, Tom 64
Harper, Jessica 72
Harris, Barbara 31
Hayek, Salma 24
Hehn, Sascha 46
Held, Alexander 46
Hemmings, David 13
Henckels, Paul 33
Henner, Marilu 55
Hepburn, Audrey 38
Herforth, Ralph 33
Herold, Franziska 20
Hershey, Barbara 30
Hickman, Dwayne 22

Hill, Terence 85
Himboldt, Karin 33
Hinterseer, Hansi 45
Hoenig, Heinz 19
Hoes, Hans 49
Hogan, Paul 23
Holbrook, Hal 71
Hollomon, Laurel 79
Hong, James 16
Hongsheng, Jia 76
Hopper, Dennis 18
Hosemann, Marc 71
Hunter, H. 39
Hurt, William 41, 42
Irons, Jeremy 22, 28
Irving, Amy 72, 73
Jacobi, Lou 49
Jaffer, Melissa 28
Jessica Parker, Sarah 55, 61
Jezequel, Julie 39
John, Gottfried 63
Johna, Yvonne 50
Joner, Kristoffer 78
Jones, Tommy Lee 61, 73
Jourdan, Louis 52
Kaff, David 28
Kahrmann, Christian 30, 71
Kalupa, Patrick 70
Kaminski, André 70
Kane, Carol 55

Kanic, Marco 78
Kate Capshaw, 17
Kaufmann, Christine 63
Kelly, Grace 79
Kier, Udo 12
Kilmer, Val 78
King Cole, Nat 22
Kinski, Klaus 85
Klemt, Arthur 71
Kline, Kevin 29
Knaup, Herbert 20
Knizka, Roman 70
Köhler, Juliane 11, 59
Koller, Dagmar 45
Köhler, Juliane 11
Körner, Marlies 30
Kowalski, Rudolf 70
Kozlowski, Linda 23, 24
Kraus, Peter 45
Kriegeskotte, Hedi 88
Kriener, Ulrike 59, 70
Król, Joachim 15
Kuiper, Peter 63
Kulenkampff, Hans Joachim 45
Laborit, Emmanuelle 53
Lambert, Christopher 76
Lancaster, Burt 87, 88
Landgrebe, Gudrun 58
Landis, Jessie Royce 79
Law, John Philip 13

Lazenby, George 50, 51
LeBrock, Kelly 60
Lechner, Geno 57
Lechtenbrink, Volker 20
Leguizamo, John 84
Leigh, Janet 68
Lenya, Lotte 52
Lerchbaumer, Peter 59
Lewis, Jerry 12
Lieffen, Karl 63
Li, Gong 22, 23
Lithgow, John 35
Lloyd, Emily 85
Lohmeyer, Peter 33
Lopez, Sergi 46
Loren, Sophia 27
Lorenz, Yutah 30
Lowe, Rob 67, 68
Löw, Victor 49
Luppi, Federico 46
MacLachlan, Kyle 18
Maffay, Peter 54
Makatsch, Heike 11, 60
Marceau, Sophie 15
Martin, Rémi 77
Martin, Steve 55, 56
Marull, Laia 46
Marvin, Lee 22, 41
Marx, Horst-Günther 62
Matschenz, Jacob 70

Matsuda, Yusuku *17*
Matthau, Walter *49, 50*
Maura, Carmen *46*
Maxwell, Lois *51, 52*
Mazursky, Paul *61, 62*
McCarthy, Andrew *67*
McGillis, Kelly *78*
Medique, Hélène *40*
Meillon, John *23*
Mewes, Tino *34*
Meyer, David *52*
Meyer, Hans-Werner *58*
Meyer, Tony *52*
Meysel, Inge *45*
Miller, Barry *72*
Miller, Rebecca *40*
Miquel, Joelle *80*
Monroe, Marilyn *21*
Moore, Demi *67, 68*
Moore, Maggie *79*
Moore, Roger *51, 52*
Moran, Dolores *42*
Moreau, Jeanne *80, 87*
Morgenstern, Ralph *30*
Morton, Joe *36*
Moulder-Brown, John *14, 15*
Mueller-Stahl, Armin *54*
Müller, Hans Peter *11*
Murray, Don *21*
Muti, Ornella *28*

Neal, Patricia *38*
Nel, Kristina *29*
Nelson, Judd *67*
Nemec, Miroslav *58*
Neubauer, Christine *38, 46*
Newman, Paul *47, 48*
Noel, Magali *14*
Noiret, Philippe *39*
Nussbaum, Mike *61*
O'Brien, Edmond *13*
Ochsenknecht, Uwe *19*
O'Connell, Arthur *21*
Olbrychski, Daniel *67*
Oldman, Gary *56*
Ontkean, Michael *72, 73*
Orbach, Jerry *25*
O'Shea, Milo *13*
Pacula, Joana *41*
Pailhes, Marie *40*
Pai, Suzee *16*
Pajanou, Despina *14*
Palance, Jack *63*
Palin, Michael *29*
Parker, Eleanor *42, 68*
Parker, Nicole *79*
Parker, Sarah Jessica *55, 61*
Parson, Estelle *18, 19*
Parten, Peter *62*
Paryla, Nikolaus *14, 70*
Paxton, Bill *60*

Peeters, Filip *11*
Peppard, George *38*
Perkins, Anthony *27*
Pernel, Florence *26*
Peters, Bernadette *65*
Philipp, Stephanie *81*
Pollack, Kevin *61, 62*
Ponto, Erich *33, 34*
Portman, Natalie *56*
Postlethwaite, Pete *84*
Potts, Annie *55*
Pounder, CCH *63, 64*
Prochnow, Jürgen *19, 29*
Proll, Nina *44*
Pugh, Willard E. *32*
Pullman, Bill *48*
Putzulu, Bruno *69*
Rahl, Mady *45*
Rampling, Charlotte *72*
Redford, Robert *26, 27*
Reed, Oliver *82*
Regent, Benoit *26*
Regnier, Charles *62*
Renée Soutendijk *49*
Reno, Jean *56*
Resetaris, Lukas *44*
Richter, Ralf *19*
Riemann, Katja *15, 53, 54*
Rigg, Diana *50*
Rima, Marco *71*

Robards jr., Jason *64*
Robertson, Cliff *26*
Robbins, Tim *49*
Rocco, Alex *72*
Rogall, Sophie *34*
Rohaczek, Rudolf *44*
Rooney, Mickey *38*
Röse, Eva *78*
Rossellini, Isabella *18*
Ross, Katharine *71*
Rühmann, Heinz *33, 34*
Russell, Kurt *16*
Ryan, Meg *49, 78, 81, 82*
Sadler, Benjamin *50*
Sägebrecht, Marianne *63, 64, 87*
Saks, Gene *49*
Sander, Heike *32*
Sander, Otto *19, 43, 67*
Sanders-Brahms, Helma *32*
Sarandon, Susan *47, 48*
Savalas, Telly *50, 51*
Schaffrath, Michaela *70*
Schönböck, Karl *63*
Schöne, Barbara *88*
Schönherr, Dietmar *58*
Schornagel, Jürgen *88*
Schrader, Maria *11*
Schubert, Götz *11*
Schwaiger, Andreas Maria *71*
Schwarzkopf, Klaus *14, 29*

Schweiger, Til 15, 16, 60
Schweighöfer, Matthias 68, 69
Scofield, Paul 87, 88
Scott-Thomas, Kristin 17
Seago, Howie 53
Seigner, Emmanuelle 17
Semmelrogge, Martin 19
Serrault, Michel 15
Shalhoub, Tony 61
Sheedy, Ally 67
Siebel, Jaimy 49
Signoret, Simone 39
Simonischek, Peter 59
Singer, Lori 35
Skerritt, Tom 78
Smith, Will 48, 61
Sommer, Elke 29
Sorvino, Paul 84
Soutendijk, Renée 11, 49
Spindler, Will 87
Stadlober, Robert 59
Stallone, Sylvester 65
Stappenbeck, Stefanie 50
Steel, Anthony 85
Steenburgen, Mary 64
Stier, Hans-Martin 34
Sting 73
Stoy, David 70
Stumph, Wolfgang 53, 54
Sukowa, Barbara 67

Swayze, Patrick 25
Takakura, Ken 17
Tarrach, Jürgen 68, 69
Taylor, Lili 12
Tennant, Victoria 55
Testud, Sylvie 53
Thalbach, Katharina 53
Thate, Hilmar 88
Ticotin, Rachel 30
Tidof, Max 81
Tiller, Nadja 62, 63
Tillmann, Fritz 62
Topol, Chaim 51
Torn, Rip 61
Trantow, Cordula 20
Trieb, Tatjana 53
Tripplehorn, Jeanne 35
Trissenaar, Elisabeth 66
Tukur, Ulrich 32, 33
Tushingham, Rita 14, 82
Uhlen, Anette 34
Ullman, Tracey 55
Vaughan, Martin 28
Vawter, Ron 64
Velisek, Gudrun 45
Versini, Marie 84
Very, Charlotte 26
von Thun, Max 38
Waalkes, Otto 63
Wallace Stone, Dee 23

Walsh, M. Emmet 23
Wannek, Antonio 33
Washington, Denzel 64
Wayborn, Kristina 52
Weißbach, Teresa 68, 69
Welch, Tahnee 54, 55
Wendt, George 36
Wennemann, Klaus 19
Wepper, Fritz 20
Wiedemann, Elisabeth 63
Wieland, Ute 50
Wiest, Dianne 35
Wilcoxon, Henry 68
Wilker, José 25
Winfrey, Oprah 32
Winkens, Elke 45
Winningham, Mare 67
Witherspoon, Reese 47
Wokalek, Johanna 11
Wolfman, Smadi 69
Wong, Chi-keung 16
Wood, Elijah 36
Wood, John 55
Woodward, Joanne 64
Wray. John 47
Xun, Zhou 76
Ye, Lou 76
York, Michael 54
Zemann, Gerhard 45